河南财经政法大学 | 城乡建设发展系列丛书

科技创业者社交影响力对创新行为的作用机制

——基于农科企业的数据

THE MECHANISM OF SOCIAL INFLUENCE OF TECHNOLOGY ENTREPRENEURS ON INNOVATION BEHAVIOR:
BASED ON DATA FROM AGRICULTURAL ENTERPRISES

张学艳 ◎ 著

经济管理出版社
ECONOMY & MANAGEMENT PUBLISHING HOUSE

图书在版编目（CIP）数据

科技创业者社交影响力对创新行为的作用机制：基于农科企业的数据/张学艳著．
—北京：经济管理出版社，2023.8

ISBN 978-7-5096-9204-2

Ⅰ.①科…　Ⅱ.①张…　Ⅲ.①农业技术—农业企业管理—研究—中国　Ⅳ.①F324

中国国家版本馆 CIP 数据核字（2023）第 164964 号

组稿编辑：杨　雪
责任编辑：杨　雪
助理编辑：王　蕾
责任印制：黄章平
责任校对：王淑卿

出版发行：经济管理出版社
　　　　　（北京市海淀区北蜂窝 8 号中雅大厦 A 座 11 层　100038）
网　　址：www.E-mp.com.cn
电　　话：（010）51915602
印　　刷：唐山昊达印刷有限公司
经　　销：新华书店
开　　本：720mm×1000mm/16
印　　张：13.25
字　　数：218 千字
版　　次：2023 年 8 月第 1 版　　2023 年 8 月第 1 次印刷
书　　号：ISBN 978-7-5096-9204-2
定　　价：78.00 元

本书获得以下项目资助：

1. 河南省重点研发与推广专项（软科学研究）项目："河南省科技人才生态系统构建及实践路径研究"（232400411071）；

2. 河南省政府决策研究招标课题"强化河南现代化建设人才支撑的对策建议"（2022JC004）

前　言

　　科技创新是现代化经济体系建设的重要战略支撑，引领着我国社会经济的高质量发展。党的二十大会议和"十四五"规划纲要也明确指出了创新在国家发展战略中的重要作用。科技创业企业由于其创新创业的灵活性、关注新技术和市场机会的持续性，同时又具有承担创新风险的意愿，已成为国家创新驱动发展战略中的关键参与者。科技创业是科技工作者或科研人员以创业的形式实现科技成果产业化的活动过程，创新是科技创业活动的基础和关键要素。企业创新主要依赖于员工个体创新和团队整体创新，尤其是拥有大量高学历、高科技人才的科技创业企业，其员工及团队的创新行为是科技创业活动的关键性行为，决定了科技创业企业的成长与发展。科技工作者或科研人员在商业化过程中的参与往往是个人驱动的，而科技创业者的个人特质对科技创新创业活动具有重要影响，尤其是与利益相关者交往互动的社交影响力，这对科技团队创新创业行为更为重要。在当今技术革新迅速、商业模式高度不确定性的环境下，科技创业者更需要借助强大的社交影响力，去感知并抓住创新创业机会、构建并运用创业关系网络、吸收并整合各种创业资源，来支持科技创业团队中的创新行为，以实现创业目标。

　　目前，国内外关于创业者社交影响力的研究相对较少，仍然处于起步阶段。越来越多的研究者开始关注创业者的个人特质对其创新创业活动的重要影响作用。国内关于创业者社交影响力的研究还是基于西方的研究成果，如直接使用西方职场情境下的员工个体社交影响力概念和量表对中国创业者进行定义和测量。但普通员工不同于创业者，中西方文化背景也不相同，中国情境的创业者社交影响力必然具有其独特性。因此，本书基于

1

中国文化背景，探索创业者社交影响力在本土化下的相关研究，界定和探索了创业者社交影响力的内涵和结构维度，并以科技创业者为研究对象来探索科技创业者社交影响力对创新行为的影响作用。本书开展了三个子研究：第一，创业者社交影响力的结构维度探索与量表开发。采用归纳和演绎相结合的方法，参考国内外关于社交影响力的结构维度和测量方面的研究成果，基于深度访谈和问卷调查结果，开发并检验了中国情境的创业者社交影响力量表。第二，科技创业者社交影响力对员工创新行为的影响机制研究。从个体层面探究科技创业者社交影响力对员工创新行为的影响过程，基于员工"想做"和"能做"两种内在驱动力，分析员工和谐型创新激情和创新自我效能感在这一影响过程中的作用，并探索影响这一过程的情境变量。第三，科技创业者社交影响力对团队创新行为的影响机制研究。从团队层面探究科技创业者社交影响力对团队创新行为的影响过程，引入交互记忆系统作为中介，构建团队层面的理论模型，揭开团队成员的交互合作在科技创新创业中的作用机制，并探索影响这一过程的情境变量。

党的二十大报告指出："加快建设农业强国，扎实推动乡村产业、人才、文化、生态、组织振兴。"在新的现代化征程上，应深入实施创新驱动发展战略，推动高水平农业科技自立自强。目前，我国应该重点挖掘农业科技潜力，因为大幅推进高水平农业科技创新是世界农业强国的重要特点。本书选取80个农业科技创业团队和418名团队成员的匹配样本数据进行实证检验。研究结果表明：第一，中国情境下的创业者社交影响力是一个包含环境敏锐、创业网络能力、人际关系影响和权术运用的四维度概念，能够被本书开发的14题项量表捕获；第二，科技创业者社交影响力对员工个体创新行为的影响作用，是通过激发员工"想做"的和谐型创新激情和"能做"的创新自我效能感两种内驱力实现的，并且领导—成员交换关系在其中发挥边界作用；第三，科技创业者社交影响力对团队创新行为的影响作用，是通过构建强大的交互记忆系统来整合和创新集体知识实现的，团队心理安全在这一影响机制中起到调节作用。本书为科技创业领域的个人特质研究提供了参考和借鉴，拓宽并深化了现有的社交影响力、和谐型创新激情、创新自我效能感、交互记忆系统以及创新行为研究。研究结论对于科技创业者训练和提高自己的社交影响力、运用社交影响力的不同方面激发创新行为以及构建专长互补、相互信任、分工协作的合作网络方面具有较强的实践意义。

在本书的编写过程，笔者参阅了国内外同行专家的相关研究成果和文献，在此，谨向科技创新创业领域、农业经济管理领域的师友、专家及学者表示感谢！

由于笔者水平有限，书中不足与疏漏之处在所难免，恳请各位读者批评指正。

张学艳

2023 年 5 月

目　录

第一章

绪　论

第一节　研究背景与问题提出

一、研究背景

（一）现实背景

在当今市场趋于饱和、商业竞争激烈的背景下，创新成为企业创业成功的关键因素。党的二十大会议和"十四五"规划纲要也明确指出了创新在国家发展战略中的重要作用，创新是现代化经济体系建设的重要战略支撑，引领着我国社会经济的高质量发展（蔡莉等，2021）。科技创新企业作为国家创新驱动战略发展中的关键参与者，其创业团队中的创新行为是科技创业活动的关键性行为（Marvel et al.，2020）。创新是科技创业的基石，科技创业者作为影响其创业团队中创新行为的关键角色，其社交影响力对科技创业团队中员工个体及团队创新行为具有至关重要的影响作用。

第一，科技创业团队中的创新行为是其创业活动的关键性行为。创新作为不断进步的战略要素，对推动我国社会经济的高质量发展具有重大意义。科技创业企业由于其创新创业的灵活性、关注新技术和市场机会的持续性，同时又具有承担创新风险的意愿，已成为国家创新驱动发展战略中的关键参与者。尤其在当前经历了高科技封锁的技术瓶颈之后，技术创新的重要性更加凸显。科技创业是科技人员以创业的形式实现科研创新成果转化的活动，技术创新是科技创业活动的基础和前提。企业创新主要依赖于员工个体创新和团队整体创新，尤其是拥有大量高学历、高科技科研工作者的科技创业企业，其员工及团队的创新行为是科技创业活动的关键性行为，决定了科技创业企业的成长与发展（Boh et al.，2020）。某一项关键技术的创新突破，有可能带来整个领域的变革和行业的重新洗牌，进而影响宏观的产业和经济格局。科技创业团队中的创新行为是构成国家总体科技创新实力的微观元素，其重要性是不言而喻的。

第二，科技创业者是影响其创业团队中创新行为的关键角色。科学技术创新的关键在于人才，人才是创新驱动发展的最核心因素之一（张学艳等，2020b）。由创新引领企业转向高质量、高效率发展离不开人才的支撑，特别是科技科研人才的支撑。科技创业者是利用拥有的技术、知识产权、研究成果进行创业的科学家、科研工作者或技术人员（Balven et al.，2018）。科技创业者是一类特殊的异质性人力资本，他们掌握着先进的科学技术，拥有丰硕的科研成果，同时以自己超强的创新创造力、自我驱动力以及创业管理能力，在激发科技创业团队的创新行为中发挥着重要作用（Kaiser et al.，2018）。他们带领着各类技术与研发人员，活跃于各领域的创新活动中。作为创业主体，科技创业者通过自己高水平的沟通协调能力，激发员工的和谐型创新激情和创新自我效能感，并与团队其他成员共享知识、分工协作，以激发员工个体及团队的创新行为。科技创业者把自己掌握的科研成果、高科技知识与资本融合在一起，主导或参与科技研发企业的创建、发展和壮大，促进经济高质量发展。

第三，科技创业者社交影响力对创业团队中的创新行为具有至关重要的影响作用。科技创业需要创新与创业有效联动，从创新的基础研究，到应用研究、实验开发，然后根据科研成果，创办衍生企业，实现了从科学知识的产生到具体的实践运用（Fini et al.，2019）。在科技创业过程中，科技创业者不仅需要与供应商、顾客、政府、金融机构等外部利益相关者进行互动博弈，更需要与内部团队成员进行交往与沟通（Grosser et al.，2018）。与一般创业不同，科技创业是通过科研创新成果的转化来实现商业化创业的，对创新程度要求更高。科技创业企业创新源于员工的个体创新与团队的整体创新。激发员工及团队的创新行为需要科技创业者具有较高的互动影响力。社交影响力是个体依据自己所处的社会环境，与他人交往互动，并对他人施加影响和控制的能力。科技创业者在创业团队的创新行为中扮演着最重要的中心角色，影响着团队组织成员的行为活动（周键等，2019）。科技创业者借助自身的社交影响力，与外部利益相关者互动博弈，为创业团队争取更多的资源，以支持员工及团队创新。通过向团队成员传授自己成功的创新经验，为团队成员树立创新行为的标杆，激发团队成员积极参与创新活动，促进员工和团队的创新行为。因此，在促进科技创业团队的创新行为中，科技创业者的社交影响力起到至关重要的作用。

（二）理论背景

探索科技创业者社交影响力对创新行为的影响机制，首先要选取科学、合理的创业者社交影响力量表对科技创业者这一特殊创业群体的社交影响力进行测量。社交影响力是源于 Ferris 等（2005）的概念界定，许多学者将其翻译为"政治技能"，但结合 Ferris 等学者界定的内涵维度和中国文化背景，本书将其界定为社交影响力，以探索创业者社交影响力的结构与测量。但现有的关于职场情境下的员工社交影响力量表并不适合用来测量创业者的社交影响力，无法突出中国文化背景的创业者社交影响力的独特性。此外，关于员工创新行为的前因研究，许多学者从组织中的领导因素出发，分析了领导者的个体特征、行为风格及领导力对员工创新行为的影响，但很少有人探讨创业者这一最高领导者对员工创新行为的影响作用，尤其是以创新为根本的科技创业者，其个人特质对创业团队中的创新行为具有重要影响（Cortes and Herrmann，2021）。社交影响力作为科技创业者创新创业活动中最重要的个人特质，积极影响着员工个体的创新行为，但现有研究缺乏对这一影响机制的有效解释。同时，科技创业团队对创新性的要求要远高于普通创业团队，科技创业者本身具有较高的创新创造力，而他们的社交影响力对团队创新行为具有怎样的影响作用，很少有学者对科技创业者社交影响力对团队创新行为的影响机制进行深入的探索和研究。具体论述如下：

第一，中国文化情境下的创业者社交影响力具有其自身的独特性，职场情境下的员工社交影响力测量量表不能凸显创业者在创新创业活动中展现的个人特质和能力。社交影响力是在西方情境下提出的概念，从先前研究来看（Ferris et al.，2005；柳恒超等，2008；林忠、孙灵希，2012），社交影响力的测量量表都是基于职场中的个体而言的，测量员工在工作场所中的人际交往与影响能力。关于创业者社交影响力的研究，大部分学者都是通过修订和完善 Ferris 等（2005）开发的员工社交影响力量表进行测量的（例如，Tocher et al.，2012；肖宇佳、潘安成，2018）。但职场员工社交影响力的测量量表并不能完全复制应用于创业者身上，从创业者个体来说，他们需要具备这种通用的社交影响力；但从创业者角色来看，这些通用的技能还不够。尤其是在中国经济转型发展背景下，创业者面对的外部环境更为动态多变，这就要求创业者对外部环境具有敏锐的政治洞察力，通过对外部环境的识别，抓住创业机会（Zhang et al.，2022）。作为创业者，除了拥有对机会与威胁的识别能力，还要具有与利益相关者的创业网络构建能力。中国是一个人情关系社会，关系文化深入各个领域。创业者社交影响力在创业网络能力方面主要表现在通过与利益相关者交往互动，构建关系网络，以获取和整合创业资源（Hallen et al.，2020）；同时，由于受到中国文化的影响，中国创业情境有别于其他国家。创业者与利益相关者的交往互动中需要更多的社交行为和社交技巧（Burt and Opper，2020）。故而，创业者还要具有较强的权术运用能力，对利益相关者施加影响和控制，以实现自己的创业目标。因此，由于社会本质的不同，创业者与利益相关者交往互动中所表现出的行为方式、价值观念及影响策略也会不同于西方国家，中国文化情境下的创业者社交影响力具有其自身的独特性。鉴于此，为推动社交影响力在创业研究领域的发展，本书认为应深入探讨中国文化情境下创业者社交影响力的内涵和结构，并开发出相应的创业者社交影响力量表。希望本书能指出中国文化情境下创业者社交影响力的特殊性，为开展科技创业者社交影响力研究提供科学、有效的测量工具；同时，也为基于中国情境的创业管理理论与实践带来有益启示。

第二，科技创业者社交影响力对员工创新行为的影响缺乏有效解释。员工创新行为包括想法产生、想法推广和想法实现三个任务阶段（Scott and Bruce，1994）。领导者是影响员工创新行为的重要影响因素，学者们探讨了领导者的个体特征、行为风格及领导力对员工创新行为的影响效应（Lu et al.，2019；Zhu and Zhang，2020），但现有研究中的领导者主要是指组织中的一般管理者。然而，作为企业最高领导者的创业者，他们对员工创新行为的影响不同于一般管理者。此外，社交影响力不同于普通能力，它是创业者个体在与利益相关者互动博弈中的一种特殊影响力，尤其对长期在实验室工作与学习的科技创业者更为重要，它有助于科技创业者激发团队员工去积极参与科技创新活动（Hahn et al.，2019）。那么，科技创业者如何借助自身的社交影响力有效激发团队成员的创新行为呢？社会影响理论指出，个体实施社会影响和取得成功的关键在于其对社会环境中与他人交往互动的理解和控制能力（Zhang et al.，2022）。根据社会影响理论，社交影响力作为科技创业者在与利益相关者互动博弈中最重要的一种影响和控制能力，积极地影响着他们与团队成员的交往与互动，进而促使团队成员的情感、信念、行为等发生改变（Kelman，1958）。然而，个体的情感、信念、行为等的产生与改变源于动机，尤其是个体的内在动机。笔者预测，科技创业者对员工创新行为的影响作用可能是通过激发员工内在动机实现的。科技创业者可能是通过其社交影响力激发员工的"想做"和"能做"两种内在动机来推动其创新行为的。"想做"动机代表员工参与创新活动的积极意愿，可能源于员工和谐型创新激情（熊立等，2019）；"能做"动机代表员工对创新行为把控的自信，可能源于员工创新自我效能感。一方面，员工创新行为实质上是其个体自身激情的行为，积极、自主、内化的和谐型创新激情可以有效缓解个体的挫折感和创新活动的艰辛（魏昕、张志学，2018），使员工具有更强的"想要创新"的意愿；另一方面，由于科技创新活动的高风险、高挑战性特点，员工需要大量知识和技能以应对不确定、多变的情况，缺乏创新自我效能感很难激发员工参与创新活动。因此，科技创业者通过自己强大的创业网络能力和人际关系影响力，为员工提供更多的资源和支持，通过自身的创新创造力带动员工积极参与创新活动，并通过权术运用，拉近与员工的距离，激发鼓励员工进行创新，勇敢承担有挑战性的创新任务，积极、主动地进行创新行为。

第三，科技创业者社交影响力对团队创新行为的影响机制探讨较少。科技创业者社交影响力在影响员工创新行为的同时，也积极影响着团队创新行为。促进团队进行创新行为的中介机制是什么？Argote 等（2018）指出，交互记忆系统作为团队层面的一种认知机制，积极影响着团队绩效，促使其成为创新型团队。本书预测，科技创业者社交影响力对团队创新行为的影响作用可能是通过交互记忆系统实现的。根据知识基础观，一个成熟的交互记忆系统，具有专业可靠的知识，分布在创业团队的不同成员之间，积极地影响团队增加和维护差异化知识库的能力（Arts and Fleming，2018）。与此同时，交互记忆系统通过有效协调不同团队成员之间的知识，也使嵌入到单个团队成员中的专业和可信知识的集成成为可能，从而增强了新的知识创造（Dai et al.，2016）。在科技创业团队交互记忆系统结构中，科技创业者作为中心成员扮演着过程催化剂的角色，激励着团队工作的进程。科技创业团队的交互记忆系统及其所包括的知识分化和整合能力是科技创业企业发展创业方向的重要机制。高社交影响力的科技创业者通过使用交互记忆系统与团队成员建立联系，在不同职能上传递不同的知识结构来鼓励团队成员分工协作（Lazar et al.，2020）。高社交影响力的科技创业者还可以促进小组成员扩大他们自己的专业知识领域，并将团队成员与适合的任务匹配起来。科技创业者在这个过程中充当着重要的沟通协调者角色，帮助团队整合其知识，创造新的集体知识，进而促进团队的创新行为。

然而，现有关于创业者社交影响力影响效应研究主要集中于创业绩效、资源获取及社会网络等方面（Tocher et al.，2012；肖宇佳、潘安成，2018；Zhang et al.，2022；Fang et al.，2015）。而科技创业者社交影响力，以及其与员工及团队创新行为的关系，很少有学者提及。科技创业强调了创业者在组织中的作用，科技创业者个体的内在特质和能力可以反映在其外在行为上，这是一个递推的影响过程。关于科技创业者社交影响力对员工及团队创新行为的影响机制研究，也可以基于这一递推的影响过程来探索，揭开科技创业者社交影响力对员工及团队创新行为的影响"黑箱"。关于社交影响力的概念与维度构建是否符合中国文化情境下创业者的研究？科技创业者作为一类特殊异质性人力资本，其社交影响力在创业团队的创新行为中具有怎样的递推影响作用？对于这两个问题，Zhang 等（2022）、肖宇佳和潘安成（2018）、Fang 等（2015）、Tocher 等（2012）将社交影响力拓展到创新创业领域，深入探究了创业者社交影响力在其创新创业过程中的重要作用。但对于创业者社交影响力的界定、结构维度及作用机理仍尚未明晰，更缺乏对科技创业者这一异质类人力资本的研究。因此，本书将从科技创业者的个人特质出发，基于中国文化情境，界定创业者社交影响力、明晰构念结构及开发创业者社交影响力测量量表。基于此，本书以农业科技创业者这一特殊创业群体为研究对象，借鉴社会影响理论的观点，从个体和团队两个层面来分析科技创业者社交影响力对员工和团队创新行为的影响作用，以期对科技创业、社交影响力、创新行为研究及科技创业实践提供可供借鉴的、有价值的理论贡献和实践启示。

二、问题提出

创业者社交影响力不同于职场中员工个体的社交影响力，创业者社交影响力是指在特定的创业环境中，创业者通过敏锐的洞察力，与各利益相关者交往互动，构建有利于其创业的关系网络，并运用自身的人际影响力和权术运用能力去影响和控制利益相关者的行为，获取和整合关键的创业资源，以实现自己目标的能力。因此，需要对创业者社交影响力的内涵和结构维度进一步界定和探索。此外，科技创业者不同于普通创业者，他们会将更多的精力放在科学研究和科研成果上，缺乏与内外部利益相关者的交往与互动。故而，科技创业者的社交影响力可能是其创业活动中亟待提升的短板。在科技创业者倡导所形成的创业公司中，科技创业者是具有高创造性的个体，同时又是科技创业团队的领导者（李晋等，2018），需要具有高超的社交影响力。科技创业者通过自己的社交影响力，实现与员工的沟通与协调，员工在科技创业者高科技研发创新能力和高社交影响力的影响下，增强了个人的和谐型创新激情和创新自我效能感，同时促进他们与其他团队成员的交互合作，实现新知识的创造（Kollmann et al.，2020），进而激发员工个体和团队的创新行为。科技创业者社交影响力在员工创新行为和团队创新行为中具有怎样的影响作用，如何通过调动员工和谐型创新激情与创新自我效能感来激发员工创新行为，以及如何构建科技创业团队交互记忆系统来协调并运用团队成员多元化知识促进创业团队的创新行为，成为当前创新与创业理论研究的关注焦点。

因此，现实情境和现有研究提出三类有趣的问题：①社交影响力作为创业者在创业活动中最主要的个人特质，它的概念内涵、维度和测量分别是什么？②在动态多变的创新创业环境中，科技创业者社交影响力是否会影响以及如何影响员工创新行为。如果它可以影响到员工创新行为，那么是通过什么样的中介机制影响的？边界条件又是什么？③在此环境中，科技创业者社交影响力是否会影响团队创新行为，以及产生怎样的影响效应？交互记忆系统在这一影响过程中，起到怎样的作用，以及这一影响机制的边界条件又是什么？

为了解决这三个问题，本书基于社会影响理论（Kelman，1958），并借鉴自我决定理论（Deci and Ryan，1985）、社会认知理论（Bandura，1977）以及知识基础观（Spender，1996）的观点，设计了三项子研究，探究科技创业者社交影响力对创新行为的影响机制。①创业者社交影响力的结构维度探索与量表开发；②科技创业者社交影响力对员工创新行为的影响机制研究；③科技创业者社交影响力对团队创新行为的影响机制研究。具体来讲，第一，创业者社交影响力量表开发，对中国情境下创业者社交影响力的维度结构进行探析。作为本书的起点，创业者社交影响力的内涵界定与概念解析是本书要解决的首要问题。本书采用归纳和演绎相结合的方法，参考国内外关于社交影响力的结构维度和测量方面的研究成果，基于深度访谈和问卷调查结果，开发并检验了中国情境下的创业者社交影响力测量量表。第二，从个体层面探究科技创业者社交影响力对员工创新行为的影响过程，基于员工"想做"和"能做"两种内在驱动力，分析员工和谐型创新激情和创新自我效能感在这一影响过程中的作用，并探索影响这一过程的情境变量。第三，从团队层面探究科技创业者社交影响力对团队创新行为的影响过程，引入交互记忆系统作为中介变量，构建团队层面的理论模型，揭开团队成员的交互合作在科技创新创业中的作用机制，并探索影响这一过程的情境变量。图1-1展示了本书的研究模型。

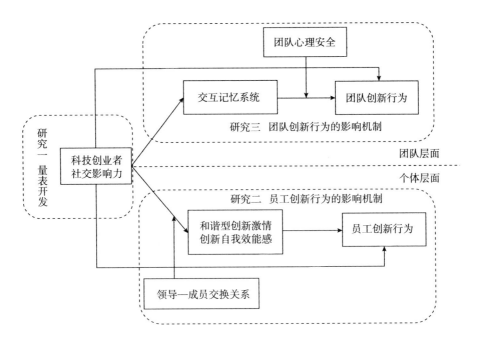

图 1-1　本书研究整体模型

第二节　研究内容与方法

一、内容安排

围绕着"科技创业者社交影响力对创新行为的作用机制"这一研究主题，本书拟在文献回顾基础上，基于社会影响理论的理论框架，界定创业者社交影响力的内涵与结构维度，编制开发中国情境下的创业者社交影响力测量量表，以科技创业者这一特殊异质类人力资本为研究对象，构建科技创业者社交影响力对员工及团队创新行为影响机制的理论模型，并通过定量方法对该理论框架进行逐步的探索和验证。

本书在文献回顾的基础上，厘清科技创业者、社交影响力、和谐型创新激情、创新自我效能感、交互记忆系统、员工创新行为及团队创新行为的内涵及其相互关系，构建理论模型，采用实证的方法来验证该理论模型。

9

主要研究内容的章节安排如下：

第一章　绪论。阐述现实背景和理论背景，明确本书的研究问题和意义。重点在于回答为什么要研究这个问题、这个问题的研究对于理论和实践有何意义。

第二章　国内外研究现状。以此厘清理论发展脉络，并发现研究的前沿。重点在于明确社交影响力、和谐型创新激情、创新自我效能感、交互记忆系统、员工创新行为、团队创新行为的构念、测量及影响因素，明晰各变量之间的内在关系。对各变量在管理中的运用进行梳理与述评，明确研究的局限和前沿。

第三章　理论基础。梳理并分析模型构建的理论基础，厘清各变量之间的关系。本章详细阐释了研究的理论视角以及构建模型框架的理论依据，包括社会影响理论、社会认知理论、自我决定理论及知识基础观。本章回顾了这些理论的内涵、重要观点以及在管理研究中的应用，为模型框架的逻辑紧密性奠定基础。

第四章　创业者社交影响力的结构探索与量表开发。通过梳理和归纳国内外关于社交影响力的相关研究，编制创业者社交影响力测量量表。首先，通过对创业者的深度访谈和先前理论与文献的回顾，对创业者社交影响力的概念和结构维度进行界定，形成创业者社交影响力测量量表初始测量题项；其次，邀请创业研究领域的权威学者、专家和博士研究生，对问卷的表达和内容进行分析讨论，并根据他们的建议进行修订和完善；最后，通过样本数据，采用定量方法探索和验证该量表的合理构成，形成中国文化情境下的创业者社交影响力测量量表。

第五章　科技创业者社交影响力对员工创新行为的影响机制。基于社会影响理论，并借鉴自我决定理论和社会认知理论的观点，从员工个体的"想做"和"能做"两种内在驱动力出发，引入和谐型创新激情和创新自我效能感两个中介路径探究科技创业者社交影响力对员工创新行为的影响作用机制，并引入领导—成员交换关系作为调节变量，明晰这一机理的应用情境；采用实证方法对模型进行检验。

第六章　科技创业者社交影响力对团队创新行为的影响机制。基于社会影响理论，并借鉴社会认知理论和知识基础观的观点，从团队层面引入交互记忆系统作为中介路径探究科技创业者社交影响力影响团队创新行为的作用机制，并引入团队心理安全作为调节变量，明晰这一机理作用的边界条件；采用实证方法对模型进行检验。

第七章 研究结论、研究贡献与研究展望。基于本书的实证检验结果，总结归纳相关的研究结论，系统阐释本书的理论贡献和管理意义，并指出本书的局限性及未来研究方向。

二、技术路线

社交影响力是创业者在创业过程中展现出的最主要的个人特质，它是创业者个体在与利益相关者互动博弈中的一种特殊影响力，尤其对长期在实验室工作与学习的科技创业者更为重要，它有助于科技创业者激发团队员工去积极参与科技创新活动。本书从科技创业、创新行为及社交影响力的现实背景和理论背景出发，提出研究的意义和内容，并对研究的关键概念、理论基础进行梳理和总结，并在此基础上，提出本书的三个子研究。本书基于社会影响理论框架，首先，对创业者社交影响力的内涵与结构维度进行界定，编制开发中国情境下的创业者社交影响力测量量表；其次，以科技创业者这一特殊创业群体为研究对象，分别从个体和团队层面构建科技创业者社交影响力对创新行为影响机制的理论模型，从内在动机和团队认知视角，探索科技创业者社交影响力对员工及团队创新行为的影响效应。通过实证检验，提出本书的结论与展望。图1-2展示了本书的技术路线。

三、研究方法

本书的研究方法主要包括：文献研究法、归纳演绎法、深入访谈法、问卷调查法和统计计量法。

第一，文献研究法。通过阅读、梳理，分析国内外有关科技创业、社交影响力、和谐型创新激情、创新自我效能感、交互记忆系统、员工创新行为及团队创新行为等重要文献，梳理本书所需要的理论基础，包括社会影响理论、自我决定理论、社会认知理论、知识基础观等相关理论，掌握学术界关于创业者社交影响力的研究现状，发掘理论前沿，厘清研究路线，揭示其中存在的问题，明确研究的切入点和迫切性，为本书奠定理论基础。

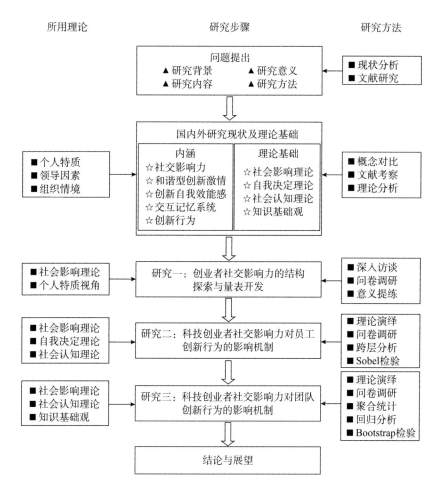

所用理论　　　　　　　　研究步骤　　　　　　　　研究方法

图1-2　本书的技术路线

第二，归纳演绎法。基于现有的文献基础，采用归纳演绎方法构建本书的概念模型，包括基于社会影响理论、自我决定理论及社会认知理论的科技创业者社交影响力对员工创新行为的影响机制模型，基于社会影响理论、社会认知理论及知识基础观的科技创业者社交影响力对团队创新行为的影响机制模型，并对后续的问卷设计和结构建模提供研究假设。

第三，深入访谈法。本书的研究一主要采用了深入访谈法。在创业者社交影响力量表开发部分，选取16位创业者，并对他们进行深入访谈，挖掘了创业者社交影响力的内容维度，为调查问卷的设计与制定奠定了实践基础。基于创业者的访谈记录与结果，最终确定创业者社交影响力的初始测量题项库。

第四，问卷调查法。基于规范、科学的问卷设计原则，根据研究内容和理论假设的需要，编制相关研究变量的问卷。在创业者社交影响力量表开发中编制了预调研问卷和正式调研问卷，在科技创业者社交影响力对员工创新行为及团队创新行为的关系研究中设计配对调研问卷。

第五，统计计量法。本书主要运用 SPSS、AMOS、HLM 等商业统计软件对样本数据进行分析处理，在创业者社交影响力量表开发中，主要采用探索性因子分析、验证性因子分析及信效度分析来验证创业者社交影响力量表的维度结构；在科技创业者社交影响力对员工及团队创新行为的影响机制研究中，采用信效度分析、描述性统计分析、各变量相关性分析、同源方差分析、多重共线性检验、多层次回归分析等来验证各研究变量之间的关系。

第三节　研究意义与创新之处

一、理论意义

本书从创业者的个人特质出发，基于中国文化情境，对创业者社交影响力的概念进行界定，明晰了概念结构并开发了测量量表；同时，将开发编制的创业者社交影响力量表应用于关于科技创业者这一特殊创业群体的测量与研究上。本书分别从个体和团队两个层面，探讨了科技创业者社交影响力对员工创新行为和团队创新行为的影响作用。本书有助于丰富创业者个人特质方面的研究。

第一，从个人特质视角对中国情境下创业者社交影响力研究进行理论延展。社交影响力是创业者在创业过程中与利益相关者互动博弈的最主要的个人特质（Fang et al.，2015；Zhang et al.，2022）。现有的关于社交影响力研究多数集中于职场情境下的员工社交影响力行为的研究，探讨职场中员工与领导及同事人际交往时呈现的个人影响力。但创业者所处的环境、在企业中承担的角色及其在战略决策中的话语权都不同于员工和一般管理者，尤其在极为重视关系文化的中国情境下，创业者社交影响力更具有其独特性。创业者社交影响力是为实现其创业目标，创业者对创业环境的敏锐感知、为获取和整合创业资源构建创业关系网络、利用自己的人际影响力与利益相关者互动博弈、运用更多的权术去协调各种关系和资源的能力。这些能力都是创业者必备的个体社会能力，但关于创业者社交影响力构念的内涵和结构在理论界仍是一个谜团。本书通过界定创业者社交影响力内涵、明晰概念结构、开发测量量表，同时以科技创业者这一特殊创业群体为研究对象，实证证明它与员工及团队创新行为的关系，不仅拓宽了中国文化情境下关于创业者社交影响力的研究，而且为研究更广泛的创业问题，如创业者认知、创业者个人特质问题提供了测量工具。

第二，从个体层面出发，构建基于内在驱动力的科技创业者社交影响力对员工个体创新行为的影响机制模型，将社交影响力引入科技创新创业领域，既丰富了社交影响力的相关研究，也拓宽了员工创新行为的前因研究。学者们从不同视角研究了领导者及领导力对员工创新行为的影响效应，也有少数学者基于职场情境探索了领导者的社交影响力对员工创新行为的影响效应（Williams et al.，2017；唐乐等，2015）。然而，作为企业最高领导者的创业者，不同于企业的一般领导者，创业情境下的社交影响力行为也不同于普通职场情境。学者们探讨了创业者社交影响力在其创新创业过程中的重要作用（肖宇佳、潘安成，2018；Fang et al.，2015），分析了科技创业者自身的知识、经验、能力对其创新创业活动的影响（李怡欣等，2021），但很少有学者关注科技创业者社交影响力对创业团队中员工个体创新行为的影响效应，更少有人探索员工内在动机在这一影响效应中起到的作用。本书分别从自我决定和社会认知的内因视角入手，把员工和谐型创新激情和创新自我效能感两种内在驱动力关联起来，研究两种内驱力在科技创业者社交影响力和员工创新行为关系之间的影响作用。本书既丰富了社交影响力在科技创业领域中的相关研究，又拓宽了员工创新行为的前因研究；同时，也回应了Tocher等（2012）、Fang等（2015）关于创业者社交影响力在创新创业活动中的重要作用。

第三，从团队层面出发，发现了科技创业者社交影响力对团队创新行为的认识机制——交互记忆系统，为探索团队的复杂交互过程研究提供了前提和基础。作为信息加工者的科技创业团队，团队成员的认知因素具有非常重要的作用（张学艳等，2020b）。科技创业团队作为创新创造能力极强的科研工作团队，科技创业者在关注如何激发员工进行创新的内驱力的同时，还要关注团队成员的整体认知，考虑科技创业者如何借助自己的社交影响力来影响团队成员的整体认知，进而对团队创新行为发挥作用（Arts and Fleming，2018）。交互记忆系统是团队认知的重要表现形式，描述了团队成员之间复杂的交互过程。交互记忆系统可以用来解释科技创业团队如何进行知识的加工与整合，这对越来越依赖于知识和技能的科技创业团队是至关重要的。本书阐明了科技创业者社交影响力对团队创新行为影响的内在逻辑，为探索团队的复杂交互过程研究提供了前提和基础，丰富了团队创新中关于交互记忆系统的研究。

第四，从个体和团队两个层面出发，明晰了科技创业者社交影响力作用于员工及团队创新行为的边界条件。首先，基于员工个体层面，在科技创业者社交影响力、员工和谐型创新激情、创新自我效能感及员工创新行为的效应影响路径中加入领导—成员交换关系这一因素，分析领导—成员交换关系对这一影响效应的调节作用，揭示科技创业者社交影响力对员工创新行为的外部作用过程是如何受到领导—成员交换关系影响的。其次，基于团队层面，在科技创业者社交影响力、交互记忆系统及团队创新行为的效应影响路径中加入团队心理安全这一因素，分析团队心理安全对这一影响效应的调节作用，揭示科技创业者社交影响力对团队创新行为的外部作用过程是如何受到团队心理安全影响的。本书通过个体和团队两个层面的边界条件，明晰了科技创业者社交影响力作用的范围，提供了外部实证支持。边界条件的确定深化了科技创业者社交影响力对员工及团队创新行为影响机制的情境理解。

二、现实意义

首先，为培养和提高科技创业者社交影响力提供实践指导。对于依靠创新科研成果、高端专业知识技能的科技创业企业来说，创业者更需要借助社交影响力与内外部利益相关者进行互动博弈，为团队争取更多的、有价值的创新资源，为团队成员提供支持，激发员工的创新行为。鉴于社交影响力在科技创业中的重要性，同时 Williams 等（2017）也提出，社交影响力是个人特质以及经验、培训和社会化的结果，可以通过实践来训练、发展和提高。笔者建议，科技创业者在创新创业过程中，不仅要努力提升自己科学研发的创新创造力，而且也要注意培养自己的社交影响力（程聪等，2014）。

其次，为激发员工自主参与创新活动提供实践指导。员工的个体创新是科技创业企业创新的源泉，是推动科研创新的根本动力与坚实基础。在激发员工创新行为的过程中，员工的内在驱动力具有重要影响作用，如何激发员工"发自内心"的创新激情和效能感，而不是迫于外界压力去做，这一直都是管理中的难题（魏昕、张志学，2018）。笔者认为，科技创业者要重视员工的创新活动和效果，要借助自己的社交影响力，来激发员工"想做"和"能做"两种内在驱动力，增强员工的和谐型创新激情和创新自我效能感（熊立等，2019），进而激发员工的创新行为。

最后，为鼓励团队合作创新提供实践指导。科技创业者不仅需要通过社交影响力激发员工的内在驱动力，还需要积极地影响团队成员的认知，从而更有效地激发团队的创新行为。科技创业者要关注团队成员之间的交往与互动，引导并鼓励团队成员之间构建彼此信任、分工协作的良好关系网络（张学艳等，2020b）；科技创业者要借助其较高的社交影响力处理好团队成员间的沟通协调，增强团队成员对彼此专长的认识和信任感，有效整合团队成员的专长，依据成员的专长分配工作任务，促进团队成员间知识信息分化和整合能力的提升（Arts and Fleming，2018）；同时，科技创业者可借助其社交影响力，加大团队成员之间知识信息的沟通与交流，帮助团队整合分布式的专长，有效地促进团队的知识管理，进而激发团队创新行为。

三、创新之处

本书的创新之处主要表现在以下四个方面：

第一，以科技创业者这一特殊异质类人力资本为研究对象，分析其社交影响力在创新创业过程中的重要作用，这一研究主题具有创新性。现有文献关于科技创业者个体方面的研究相对较少，主要是从科技创业者的科学家和创业者两种身份展开的，探讨两种身份的悖论整合对其创业成功的影响作用。鲜有学者探索科技创业者个人特质在其创新创业活动中的影响作用，主要集中于科技创业者的先验知识、经验及创业能力等方面（李怡欣等，2021），忽视了科技创新创业活动中最重要的与内外部利益相关者互动博弈的个人影响力和控制力。社交影响力是科技创业者在创新创业过程中展示这种影响力和控制力的最主要个人特质，对科技创业团队中的创新行为起着至关重要的影响作用。本书将社交影响力引入科技创业领域研究中，提出了科技创业者社交影响力对员工个体及团队创新行为的影响效应，填补了科技创业领域中关于科技创业者社交影响力研究的空白，研究主题具有创新意义。

第二，基于中国文化背景，揭开了创业者社交影响力的四维度本质，这是一种创新度较大的尝试。学者对社交影响力的研究主要集中于其在工作职场中的影响效应（Ferris et al.，2005），鲜有学者将社交影响力拓展到创业研究方面，只探讨了社交影响力在创业活动中的角色作用（Fang et al.，2015；肖宇佳、潘安成，2018；程聪等，2014）。笔者通过对国内外关于社交影响力文献的梳理，发现关于创业者社交影响力的测量都是使用基于职场情境的员工社交影响力量表进行测量的，缺乏创业者这一独特个体社交影响力的测量量表。创业者社交影响力与职场员工及企业一般管理者的社交影响力不同，具有自身的独特性。本书基于中国文化背景，通过对 16 位创业者进行深入访谈和统计研究发现，创业者社交影响力包括四个维度：环境敏锐、创业网络能力、人际关系影响和权术运用。该发现与职场情境下的员工社交影响力有相同之处也有不同之处，其区别强调了创业者社交影响力内涵的特殊性，尤其是在环境敏锐和权术运用两个维度，更突出了创业者社交影响力的独特性，本书研究的发展对社交影响力研究来说是一个创新，有助于促进未来关于创业者社交影响力的研究。

第三，基于内在动机视角，探讨科技创业者社交影响力对员工个体创新行为的影响机制，这一研究视角及理论模型具有创新性。许多学者基于"动机—行为"的结构框架，分别从个体的认知、情绪等方面，探索了员工行为产生的内在动机因素（仇泸毅等，2022；Wu et al.，2014；Fuchs et al.，2019），也有学者探讨了员工内在动机的前因因素（Dalpé et al.，

2019；Kong et al.，2019），但很少有学者关注科技创业者社交影响力对员工内在动机的影响作用，本书从员工个体层面出发，基于内在动机视角，探索了科技创业者如何通过其社交影响力来影响员工"想做"的和谐型创新激情和"能做"的创新自我效能感两种内驱力，进而对员工创新行为产生影响。目前，还没有成熟的研究关注科技创业者社交影响力和员工内在动机的关系，本书探讨了科技创业者社交影响力对员工和谐型创新激情及创新自我效能感两种内在动机的影响作用，既丰富了科技创业者社交影响力对员工创新行为的影响路径，又拓宽了个体内在动机的前因研究。基于员工个体内在动机构建的个体层次的研究模型具有一定的创新意义。

第四，基于团队认知视角，探讨交互记忆系统在科技创业者社交影响力与团队创新行为之间关系的影响作用，丰富了团队管理中的动态交互过程研究，具有一定的创新性。本书基于团队认知视角，从团队层面出发，构建科技创业者社交影响力对团队创新行为的影响作用的研究框架，揭示交互记忆系统在科技创新创业活动中的重要作用。科技创业者作为中心成员扮演着过程催化剂的角色（张学艳等，2020b），其通过自己的社交影响力，挖掘出团队成员各自的专业特长，形成彼此信任、相互协作的积极团队互动模式，促进知识的整合与再创造，激发团队创新行为的产生，同时也为更深入探索团队交互记忆系统的复杂交互过程奠定了基础（Kollmann et al.，2020）。本书为探讨如何实现团队的复杂交互提供了前提和基础，并为未来更深入地探索团队交互记忆系统的复杂交互过程提供了重要支撑。基于团队认知视角，从团队层面探索了交互记忆系统在团队创新中的重要作用，为团队创新管理提供了新的结论和观点，在研究结论和成果方面具有一定的创新意义。

第二章
国内外研究现状

第一节　科技创业与科技创业者研究

一、科技创业研究

（一）科技创业概念界定

随着社会经济的快速发展、科技水平的迅速提升，国内外的学者、政府对科技创业展开了深入的探索。Stewart（2011）认为，科技创业是通过引进、改进或创新技术创立新企业的行为活动。这既包括专利许可、技术转让、创立公司等正式化商业化活动，也包括与企业联合研究、对其提供咨询服务的非正式化商业化活动，以及运用科研成果为社会公众提供公益讲座、组织展览等服务的非商业活动（Marzocchi et al.，2019）。Beckman等（2012）指出，科技创业是为实现技术与市场的有机结合以及科技成果的产业化，科研人员、科技工作者、大学教师等科技从业人员以自己的科研成果或科研能力作为主要投入要素，进而获得创新收益的市场行为和发展过程。Bailetti（2012）认为，科技创业是指企业为了创造和获取价值，将人才、资源投资于技术创新的活动行为。科技创业可以将科研人员的科学成果培养为有形技术，并将这些技术通过许可协议或衍生公司（例如，技术转让办公室、创业孵化器）进行商业化的活动（Balven et al.，2018；Hmieleski and Powell，2018）。科技创业也将成为一种新的科学环境，使创始人在将大学、国家实验室或科学机构的研究性创新转化为商业产品和服务方面发挥着重要的经济作用（Lazar et al.，2020）。

当今在创新驱动发展的战略背景下，促进技术更新变革的前沿知识技术在实践中的应用价值尤为重要。科技创业的本质在于创新，即以提供新技术、新方法、新产品或服务等形式的商业化运作来创建新企业。因此，基于学者们提出的科技创业概念，结合时代背景，本书提出，科技创业是指从事科学研究或科技研发的大学教授、科学家或高科技工作者，发现相关技术的应用前景或商业价值，把自己的科研成果或科学技术转化并进行商业化的创业活动。

（二）科技创业与一般创业的区别

1. 科技创业企业的知识来源与一般创业企业不同

一般创业企业主要是基于人们生产生活的需求，根据市场供需及竞争状况选择进入的领域，所需要的知识也相对比较大众化，对知识技术的前沿性没有过多要求。科技创业企业与一般创业企业不同，科技创业企业产生于高新科技企业、科研院所或高校，是科技人员或科研工作者根据自己具有极大科学价值的技术或科研成果而发起创立的（Lazar et al.，2020），其知识来源于高新技术企业、科研机构或高校。科技创业开始于基础研究，在获取重大突破之后，推动并促进相关领域的发展，甚至可能引领相关产业的创新革命，或者衍生出新的产业。

2. 科技创业企业的高层次人员所占比例远超于一般创业企业

一般创业企业主要是围绕市场需求进行创新创造的，对高层次人才需求量不高。科技创业的技术创新是突破性的、颠覆性的，需要大量的高层次人员的参与。科技创业的科学技术研发需要通过有效的技术转移和成果转化才能促进创业企业的发展。科技创业者大多与高校和科研机构有着密切关系，他们掌握着前沿的科学技术，并能够吸引大批高层次人才来担任研发人员、市场开拓者和管理者。随着科技创业企业的发展，能够吸引更多优秀的科学家、学者等科研工作者加入科技创业团队，随着优秀科研工作者的加入，可以确保和强化企业的科研能力（张庆芝等，2019）。同时，还可以招募到更多具有商业实战经验的高层次人员，为科技创业企业的业务和管理运营积累技术和人才优势。因此，相对于一般创业企业，科技创业企业中的高层次人员所占比例较高。

3. 科技创业企业的科学家对企业战略决策的影响程度与一般创业企业不同

科学家在一般创业企业中充当的角色通常是技术顾问，是为企业决策者提供建议和技术支持服务的，他们往往是根据科学的理性判断，为决策者提供一个相对最优的方案，不参与决策。当科学家与其服务的一般创业企业在价值观念、预期目标、发展规划等方面意见相悖时，企业决策者很难采纳科学家的建议，科学家对企业决策的影响相对较弱。科技创业企业不同于一般创业企业，科技创业企业中的科学家不再是充当简单的技术顾问角色，科学家具有非常高的地位（张庆芝等，2019）。在科技创业企业中，科学家增强了科学与社会的互动，明晰了不确定、复杂的实际问题，结合事实判断和价值判断，通过大量隐性知识的转移来释放科技成果的经济效益和社会效益，对科技创业企业的成长与发展起着关键的主导作用（Zhang et al.，2022）。

4. 科技创业企业的技术创新性与一般创业企业不同

无论是一般创业企业，还是科技创业企业，都需要进行技术创新。技术创新是企业实现存续的重要工具。技术创新不仅包括更新某套设备、某个工艺流程，还包括从基础研究开始，到中试、技术开发、生产线建立、批量推出产品的全过程。一般创业企业往往更侧重于设备、工艺及流程的技术创新，而科技创业企业通常更侧重于技术研发的全过程创新，其科技成果通常是最前沿、最先进的科学研究和技术创新，技术创新从最开始的基础研究到最终成果转化投放到市场，都需要高科技水平、高研发能力及高创新创造力的支撑。科技创业企业的创新度比一般创业企业要求的更高，科技创业企业成长与发展的基础在于技术创新驱动，技术创新也将成为科技创业企业最重要的竞争方式（Boh et al.，2020）。

二、科技创业者研究

（一）科技创业者概念界定

科技创新创业是助力国家整体科技水平提升的微观元素，是推动经济高质量转变发展和产业升级的有效途径。许多学者及科研人员以自己的科研成果创建了科技创业企业，推动着我国科技的自主创新。科技创业者主要包括大学教师、技术人员、博士后研究员，他们是实现科学知识的传播和商业化的主要创业代理人。李晋等（2018）认为，科技创业者是一类具有较高创新活力和科技专长的特殊异质性人力资本，兼具了团队领导者及高创造性个体的特征。进行商业化创业行为的大学教员、科学家及从事科技研发的工程师和博士后等（Balven et al.，2018）利用自己的学术声望或专业特长进行创业活动，具有科学家和企业家两种特质。马晓琳等（2014）界定了科学创业家的概念，认为科学创业家是基于科学研究，利用高校或科研院所平台进行创业的人。他们以科技创业团队为载体，根据市场需求，积极寻求创业资源以突破束缚，进而提高科研成果的转化率以促进产业创新（李晋等，2018）。

综合众多学者给出的科技创业者的定义来看，科技创业者是指利用拥有的技术、知识产权及科研成果进行创业的高科技工作者、大学教授或科研人员。他们通常长期从事科学研究和技术创新工作，并拥有自己或团队的科研成果或技术发明，参与科技创业企业的成长与发展（黄永春等，2021）。同时，科技创业者具有较强的科技研发能力，并具有推动技术成果革新换代的能力。科技创业者不同于知识型创业者，知识型创业者是基于科学知识，实现知识创新、知识生产及知识资本化的创业群体。科技创业者是基于较高的科技水平和技术专利，实现科技生产和科技创新的创业群体，推动科研成果的转移与商业化。

（二）科技创业者的特征

与一般创业企业相比，科技创业企业具有更依赖知识与技术的创新性、高层次人员占比更高、科学家对企业决策更具有影响力等特点。科技创业企业与一般创业企业的区别也体现了科技创业者与一般创业者的不同。科技创业者普遍具有如下特征：①大多数科技创业者具有技术研发工作背景，是先进科研成果的掌握者。深厚的科学知识是科技创业者产生的先决条件，科技创业者丰富的科学知识指引着科技创新的方向，并与合作伙伴共同开发知识产品，实现知识、技术成果的商业化（Marzocchi et al.，2019）。②科技创业者具有很强的创新意识。科技创业者必备的素质就是创新精神，创新性的思维和理念是科技创业者的必备要素，是促进科技创业企业成长与发展的源泉。与一般创业者不同，科技创业者时刻关注技术创新（Balven et al.，2018），掌握着最先进的科学知识和技术，走在科技创新的最前沿。③科技创业者具有敢于挑战、勇于冒险的精神内核（周键等，2019），他们具有较强的抗压能力，承受着技术、管理和市场风险等压力。科技创业是一种高技术、高风险、高成长的活动，从前期的基础研究、中期的试验和推广到后期的投入市场，都需要大量的资金投入和技术的时时推新，同时还需要根据市场需求和竞争的变化及时更新产品和服务，并且调整应对策略，这些对科技创业者来说都是极具挑战性的，都需要科技创业者具有极强的抗压能力和冒险精神。

第二节　社交影响力研究现状

一、社交影响力的概念界定

社交影响力是源于西方的概念，许多学者将其定义为政治技能，最早由 Ferris 等（1999）对其进行了界定和测量。但根据 Ferris 等学者界定的内涵和中国文化背景，本书将其界定为社交影响力。社交影响力是指个体行为、策略对他人影响和控制的一种社会能力（Amah，2022）。长期以来，关于社交影响力的研究都是基于职场环境中员工对组织内其他成员的影响。越来越多的学者认为，社交影响力的积极作用不单单体现在职场中员工个体与其他成员的沟通互动方面，社交影响力在创新创业活动中也具有重要意义。学者们从不同的视角对社交影响力的概念进行了界定。Pfeffer（1981）提出，社交影响力是一种帮助个体在动态多变的环境中取得成功的能力。Mintzberg（1983）认为，社交影响力是影响、说服、控制他人行动的技能，以使自己更好地生存与发展。Ferris 等（2005）提出，拥有高水平社交影响力的人，能够根据不同情境需要，表现出自信、真诚等积极因素，能够在不同场合有不同的表现，从而影响和控制他人，并让他人认为自己是真诚可信的。Ferris 等（2007）认为，社交影响力是个体适应动态多变环境的一种能力，是个体与他人交往互动的风格。Douglas 和 Ammeter

（2004）指出，社交影响力是成功管理组织的人际互动交往的社会能力。Ferris 等（2005）认为，社交影响力是个体为实现个人或组织目标，利用自己掌握的知识去理解、影响与控制他人的人际互动风格和社交能力。Ferris 等（2007）和 Cullen 等（2018）提出，社交影响力是一种综合的社会能力模式，它反映了认知、情感和行为表现，对自己和他人都有影响。Zellars 等（2008）认为，社交影响力是一种人际风格构建，结合个体对社会情境的敏锐感知和调整自己行为以适应不同情境需求的能力，对他人表现出真诚，以获取其信任，并成功地影响他人的行为。罗青兰（2013）指出，人力资本是指个体拥有的知识、经验和技能，而社交影响力是个体拥有的技能之一，是人力资本的表现形态。唐乐等（2019）认为，社交影响力是个体运用自己的经验、知识、技能去影响他人并与之互动交往的一种社会技能。

对国内外关于社交影响力的相关文献进行梳理归纳发现，关于社交影响力的研究主要是基于三种观点展开的。第一种观点认为，社交影响力是一种人际交往技能，高社交影响力的个体可以在组织政治环境中为自己争取所需要的资源，得到他人的认可与赞赏，实现个人或组织目标，也可以说是人力资本的表现形态（罗青兰，2013；张学艳等，2020b）。第二种观点认为，社交影响力是一种社会能力，高社交影响力的个体可以在社会交往中影响和控制他人的行为，以帮助实现个人或组织目标的一种社会能力（Grosser et al.，2018；Tocher et al.，2012）。第三种观点认为，社交影响力是一种个人特质，高社交影响力的个体可以在不同的情境下表现出自信、真诚，根据社会情境和现实需要展现出富有吸引力的个人特质（Zhang et al.，2022；Fang et al.，2015；张学艳等，2020a）。

但无论从哪种理论视角来看，社交影响力都被认为是个体在人际互动过程中展现的最主要的个人特质，反映了个体对他人的一种影响和控制能力。笔者认为，与其他理论相比，社会影响理论更适合用来解释个体这种影响和控制能力。因此，本书将从科技创业者个人特质出发，基于社会影响理论，分析社交影响力作为科技创业者最主要的个人特质，在其科技创新创业过程中对员工及团队创新行为的影响效应。

二、社交影响力的测量

关于社交影响力的测量，学者们进行了深入的探索。例如，Ferris 等（1999）首次提出了包含 6 条目的社交影响力单维度测量量表，初步探索了个体社交影响力对理解他人能力的测量。该量表主要用于测量个体的影响力，通过利用自己掌握的知识去有效地理解和影响他人的一种能力。其中的测量题项如"自己可以有效地理解其他人""在工作中，我认识很多重要的人，人脉很广"等。从测量题项中可以看出，社交影响力反映了一种理解力和控制力，是个体利用自己掌握的知识去影响他人行为的能力。

在 Ferris 等（1999）6 条目单维度社交影响力测量量表的基础上，Ferris 等（2005）开发了包括社会机敏、人际影响、网络能力和外显真诚四维度的 18 条目社交影响力测量量表来测量个体的社交影响力。首先，社会机敏是对社会环境的敏锐感知能力，社会机敏能够使个体准确理解社会互动中自己和他人的行为。测量题项如"我很擅长察觉他人的动机和隐藏的意图""我对如何向别人展示自己有很好的直觉或悟性"等。其次，人际影响是指个体在社会交往中，能够对他人产生强大影响力的能力，并可以根据他人的反应及时调整自己的行为。这种能力不具有强制性，而是以对方信服和认可的方式实施的。测量题项如"对我来说，很容易与大多数人建立良好的关系""我擅长让他人喜欢我"等。再次，网络能力是个体擅长与周边的人建立网络关系，并能够从网络中获取自己需要的有价值的资源的能力。测量题项如"在建立工作网络关系方面，我花了很多时间和精力""我擅于运用我的网络关系来解决工作中遇到的困难和问题"等。最后，外显真诚是指个体面对他人所表现出的正直、真实和真诚的能力。测量题项如"在与他人沟通中，我尽量在言行上表现出真诚""很重要的一点是让他人相信我是言行一致的"等。

Douglas 和 Ammeter（2004）基于下属感知的领导者社交影响力，提出包括网络建设和人际关系影响两个维度的 12 项量表。网络建设方面的测量题项包括"我花费大量时间和精力与他人建立联系""我善于与有影响力的人建立联系""在工作中建立了一个庞大的同事网络，可以为他们提供支持，这些都是真正需要完成的事情"等；人际关系影响方面的测量题项包括"我能够让大多数人在他或她周围感到舒适和放松""我能够轻松地与大多数人建立良好的关系""我试着表现出对他人的兴趣和真诚"等。

国内学者从中国文化背景出发，基于中国组织和员工所处的职场环境，探讨了社交影响力的结构与维度，并选取中国员工样本进行了测量。柳恒超等（2008）开发了包含5个维度的22条目量表来测量个体的社交影响力，具体维度结构包括处世圆通、关系经营、人际敏锐、表现真诚和面子和谐。测量题项包括"对于如何在他人面前展现自己，我有着良好直觉和洞察力""我经常能够直觉感知到如何有效地通过言行举止来影响他人""我会尝试在工作上与同事建立网络关系，以便能够请求他们的支持，来完成我想做的事情""我善于运用我的关系网络来处理职场上面临的任何事情"等。

林忠和孙灵希（2012）开发了包含5个维度的19条目量表来测量个体社交影响力。主要包括和谐人际、形势机敏性、面子经营、能力型社交和权术运用。测量题项包括"工作职场中的我，能够促使同事之间相处融洽、工作合作愉快，职场氛围也会和谐""我能够根据自己观察到的形势状况，及时改变自己的言语表达和行为方式""无论我是否认可对方，在公众场合，我总是注意让对方有面子""为了让他人认为我是一个真诚可靠的人，可以灵活运用各种策略和方法""有助于我实现目标的人，我会主动靠拢，努力使其成为自己关系网络中的成员"等。

蒋斌（2009）通过心理学实证研究方法，编制了包含4个维度的24条目量表来测量个体社交影响力，具体维度结构包括政治敏锐性、人际影响力、关系拓展力、组织协调力。测量题项包括"我能敏锐地识别出组织内的'派系'，并在其间左右逢源，游刃有余""对我来说，与大多数人和谐相处很容易""有时觉得自己像个演员，在与不同人打交道中扮演不同的角色""当与他人交往时，我总是想办法在自己的言行上表现出真诚"等。

另外，路燕利（2009）也开发了包括情感表达、人际关系、情景理解的三维度14条目量表来测量个体社交影响力。测量题项包括"我觉得周围的很多人都喜欢我""与他人合作能够使我很好地完成工作任务""我在如何以正确的方式向别人展示自我方面具有很高的悟性"等。

三、社交影响力的影响效应

（一）社交影响力的前因变量

关于社交影响力的前因研究，主要体现在人格特质和情境两个影响因素。

1. 人格特质

Ferris等（2007）基于"人格系统模型"，指出个体的前因变量主要在于自身的人格特质。个体具有的洞察力、控制力、亲和力及主动性四大人格特质，对社交影响力产生不同的影响效应。洞察力特质是指个体在人际交往过程中，能够自我监控的能力，能随时根据周边环境做出反应（Ferris et al.，2007）。控制力是指个体对周边情境的感知与控制能力，在不同的社会情境中，能与他人形成紧密关系的能力（瞿皎姣等，2021）。亲和力特质是一种容易让人喜欢、使周围人获取愉悦的性格特质（韩金等，2021），具体包括外向性、宜人性、积极情感。主动性是指具有较强的行动导向性，善于通过自己的行为来改变环境。个体具有的洞察力、控制力、亲和力及主动性四大人格特质都对个体的社交影响力具有积极的影响作用。

2. 情境因素

个体的人格特质对其社交影响力具有积极的影响作用，同时，社交影响力也是个人特质以及经验传授、培训和社会化的结果，个人可以通过实践来训练、发展和提高自身的社交影响力（Williams et al.，2017）。因此，个体的社交影响力会受到情境因素的影响，如主管的政治教导和角色塑造对个体的社交影响力具有较强的影响作用（刘军等，2010）。社交影响力作为一种可习得性技能，在受到社会情境中他人的影响后，能够得以提高，组织中的主管、企业导师或师傅的教导行为都可以有效地提高员工个体的社交影响力。员工个体通过与主管、导师或师傅进行语言沟通，或观察他们的行为表现，能学到他们的人际交往能力。同时，主管、导师或师傅也会与员工探讨不同社会情境中应该采用何种交往方式，通过这些交往互动，可以促进员工个体社交影响力的提升。

（二）社交影响力的结果变量

1. 社交影响力与工作绩效

关于个体社交影响力对其工作绩效的影响效应研究，学者展开了深入的探索和讨论。个体的社交影响力对其工作绩效的正向影响效应，比个体的自我效能、自我监控、情绪智力等变量对其工作绩效的正向影响效应更为显著（Kimura，2015）。Grosser 等（2018）采用两种不同样本进行实证研究得出，员工个体的社交影响力对其工作绩效具有显著的正向影响作用。Wei 等（2012）以网络资源为中介路径，指出个体社交影响力与其工作绩效呈正相关关系，并验证了个体的社交影响力对其角色内外的工作绩效具有积极的正向影响作用。Lvina 等（2018）通过对 189 个学生项目团队和28 个商业工作团队的研究结果得出，团队社交影响力对团队绩效具有积极的影响作用。

2. 社交影响力与职业成功

研究人员将职业成功分为外在因素和内在因素，并使用客观标准（薪酬和晋升）和主观标准进行评价（Kimura，2015）。长期以来，人们一直认为职业成功受组织政治的影响。员工个体具有的社交影响力可以促进自己的职业发展（Cullen et al.，2018）。学者们验证了个体社交影响力积极影响着其职业成功的各个方面，如个人的收入、职位、职业满意度等。高社交影响力的个体能够通过网络资源，提升职业成长潜力（Wei et al.，2012），也可以借助良好声誉来促进职业发展。此外，高的社交影响力对员工的晋升机会、职业成功及职业发展具有积极的正向预测作用（唐乐等，2019；Kimura，2015）。

3. 社交影响力与领导效能

关于社交影响力对领导效能的研究是从社会资本、社会交往和印象管理的角度考察了领导者的社交影响力对其领导效能的贡献。其主要包括企业绩效、追随者的工作态度与绩效。高社交影响力的创业者能够构建和维护与利益相关者的认知和关系社会资本，获取和利用关键资源以提升创业绩效（Tocher et al.，2012）。在社会交往方面，由于他们的社会敏锐性使其能够更好地理解他人的动机，以建立高质量的工作关系，从而获得追随者的态度和行为上的回报，而员工个体能够在不表现出被操纵或控制的情况下完成工作（Kimura，2015）。因此，拥有强大职位权力和社交影响力的领导者往往被认为其更关心他们的追随者，进而提升追随者的满意度。

4. 社交影响力与员工行为

社交影响力对员工心理和行为具有积极的影响效应。员工社交影响力积极影响着组织公民行为的评价，具有较高社交影响力的员工个体，可能会参与组织公民活动，作为获得组织认可的一种手段。社交影响力也会改变员工个体对他人组织公民行为的显著性。唐乐等（2015）基于社会认知理论，按照 Amabile 等（1996）提出的创造力三因素模型，选取领导与员工的配对数据，实证检验了领导和员工的社交影响力对员工创新行为的正向预测作用。Grosser 等（2018）采用社会政治的观点来研究员工社交影响力与社会网络结构相结合对员工创新参与和工作绩效产生的影响作用。研究结果表明，社交影响力既能促进创新参与，也能使员工充分利用某些社会网络位置的创新能力。

第三节 和谐型创新激情研究现状

一、和谐型创新激情的概念界定

激情的概念由来已久，起源于哲学领域的研究。现有研究指出，激情是一种前进的力量源泉，激情可以让一个人勇于面对挑战，打破困境向前迈进（谢雅萍、陈小燕，2014）。Peale（2003）提出有激情的人面对问题时，会坚持不懈地寻找问题的解决方法，努力使问题得以圆满解决。大多数人认为激情是一种强烈的情感，它激励着人们去做出改变。Vallerand 等（2003）将激情运用到组织情境中，他们认为激情是个体对自己喜欢并认为是重要活动的一种强烈倾向，是个体从事某些活动的强烈愿望。同时，他们还认为个体的激情包括和谐型和强迫型两种激情。

根据 Vallerand 等（2003）的观点，个体的创新激情包含两种不同类型：和谐型创新激情和强迫型创新激情。它们的特点是不同的内部化过程。和谐型创新激情是个体对一项创新活动自主内化到一个人的身份中（Valle-rand et al.，2003），从而形成的对该创新活动的个人认同感。使人产生一种强烈但可控的参与创新活动的欲望。与和谐型创新激情相关的活动占据着个人生活中的重要部分（Vallerand et al.，2003），但不是压倒性的，并与其他身份元素和谐共存。自主性描述了一种感觉，即个人感觉自己的行为是自我决定的，有一个内在的感知因果轨迹。换句话说，当个人意识到他们有能力做出选择，而不是被迫做出几乎没有选择的特定决定或行动时，自主性就产生了。这种自主性是和谐型创新激情的标志。

相比之下，强迫型创新激情是由受控制的内化所定义的，这种内化源于个体或与创新活动相关的人际压力（Vallerand et al.，2003）。这些压力可能来自偶发事件，如无法控制的兴奋感，或者与参与活动有关的自尊。人际交往间的同伴压力或与社会接纳相关的情感也会刺激强迫型创新激情的产生，因为个体可能会因为自我肯定而感到被迫参与其中。个体无法像对待和谐型创新激情那样自主地参与或摆脱强迫型创新激情，因为强迫型创新激情具有自我保护和防御功能。当涉及自我时，个体渴望得到肯定，因此很难脱离自我。正如 Vallerand 等（2003）所指出的，与强迫型激情相关的活动占据了个体身份中压倒性的空间，并可能与他们生活的其他方面产生冲突。总之，和谐型创新激情是个体自由自主地投入，而强迫型创新激情是个体由于某种原因被迫投入的。因此，本书认为，和谐型创新激情可以被视为一种积极的情感反应，促使个人希望从事和参与创新活动并为之付出努力的积极情感表现。

二、和谐型创新激情的测量

根据 Vallerand 等（2003）的激情二元论，和谐型激情是激情的一个维度，它的测量量表包括 7 个测量条目（Vallerand et al.，2003）。关于和谐型创新激情的测量量表，目前大多学者主要是根据创新活动的特点，把创新活动的特性融入和谐型工作激情测量量表中，形成了和谐型创新激情测量量表。魏昕和张志学（2018）结合创新活动的特点，对 Vallerand 等（2003）的和谐型工作激情测量量表进行修订和完善，编制了 7 条目的团队成员的和谐型创新激情测量量表。熊立等（2019）通过借鉴魏昕和张志学（2018）的成果，对 Vallerand 等（2003）的和谐型工作激情量表进行修订和完善，形成了 7 条目的和谐型创新激情测量量表。除此之外，中国学者采用 Liu 等（2011）的研究成果编制了和谐型激情测量量表。例如，杨皎平等（2021）对 Liu 等（2011）的和谐型激情量表进行修订，形成了 6

个题项的和谐型创新激情测量量表；蒋昀洁等（2018）采用 Liu 等（2011）开发的和谐型激情量表进行测量。Vallerand 等（2003）和 Liu 等（2011）开发的和谐型激情量表都在中国情境下得到了实证验证。

三、和谐型创新激情的影响效应

（一）前因变量

通过梳理和回顾关于和谐型创新激情的相关文献得出，和谐型创新激情的前因因素主要表现在个体和领导两个方面。

1. 个体因素

个体因素对和谐型创新激情的影响主要体现在个体的人格特质、使命感和核心自我评价等方面。例如，Dalpé 等（2019）调查了大五人格模型的人格特质在和谐型激情中的作用，通过对 284 名参与者的在线问卷调查得出，个体的五种人格特质积极影响着其和谐型激情。Rosa 和 Vianello（2020）从员工个体的使命感出发，探讨了员工个体的使命感对其和谐型激情的积极影响作用。蒋昀洁等（2018）基于创造力交互作用观，从内在动机视角出发，实证检验了员工核心自我评价与其和谐型创新激情之间的正相关关系。叶龙等（2019）从工作激情理论出发，选取明星技能人才作为研究样本，实证检验了员工任务绩效和关系亲密程度一致性对其和谐型激情的正向影响效应。

2. 领导因素

关于领导因素对个体和谐型创新激情的研究，主要集中于领导的行为与风格方面。例如，Hao 等（2018）基于激情的二元模型，选取 69 个团队和 266 名员工的实地调查数据，实证检验了授权型领导与员工和谐型创新激情之间正相关关系。Gao 和 Jiang（2019）基于自我决定理论，通过对674 个主管—下属匹配的样本数据进行分析，深入探索了授权型领导与员工和谐型创新激情之间的正向相关关系。Ho 和 Astakhova（2020）借鉴信号理论，提出了一种工作激情转移模型，选取医疗保健行业的 201 名主管—员工匹配数据，验证了魅力型领导与员工和谐型激情之间的正向相关关系。Zhang 等（2021）基于一项来自中国多个组织的两个来源的调查研究，论证了时间领导力对员工和谐型创新激情的积极影响作用。许黎明

（2018）基于激情的二元模型，选取江苏两家成品油流通企业的主管与员工的匹配数据样本，实证结果得出伦理型领导与员工和谐型创新激情呈正相关关系。郭一蓉等（2021）根据自我决定理论和社会信息加工理论的观点，实证检验了自我牺牲型领导对员工和谐型激情的影响效应。

（二）结果变量

通过梳理和回顾关于和谐型创新激情的相关文献得出，关于和谐型创新激情的结果研究主要集中在绩效与员工主动行为两个方面。

1. 绩效

和谐型创新激情与绩效呈正相关关系。例如，Zhang 等（2021）通过一项来自中国多个组织的两个来源的调查，探讨了员工和谐型创新激情对其创新绩效的影响作用；黄庆等（2019）借鉴创造力交互作用观的观点，基于认知视角，探索了员工和谐型激情与其创新绩效之间的正相关关系。Hao 等（2018）根据激情的二元模型，选取 69 个团队和 266 名员工的配对数据为研究样本，实证检验了员工和谐型创新激情与员工工作绩效之间的正相关关系。Ho 等（2011）以一家保险公司 509 名员工为研究样本，实证检验了员工和谐型创新激情对其注意力和工作绩效的正向影响作用。

2. 员工主动行为

和谐型创新激情在员工主动行为方面的结果变量主要有员工的创新行为、建言行为及员工创造力等。例如，Ye 等（2021）基于社会交换理论，以中国信息技术行业从业人员为研究对象进行实证研究，探究了员工和谐型创新激情与其创新行为之间的关系。Gao 和 Jiang（2019）基于自我决定理论，选取 674 个主管—下属匹配的样本数据进行实证研究，探讨了和谐型创新激情与其建言行为之间的关系。许黎明（2018）基于激情的二元模型，实证检验了员工和谐型创新激情对其建议行为的影响作用。Schenkel 等（2019）以 213 名中小企业员工为研究对象，实证检验了员工和谐型创新激情对其创新行为的正向影响效应。蒋昀洁等（2018）以创造力交互作用观为理论框架，从内在动机视角出发，深入分析了员工和谐型创新激情与其创造力之间的关系。叶龙等（2019）根据激情二元论的观点，探究了员工和谐型创新激情与其创造力之间的正向影响效应。

第四节　创新自我效能感研究现状

一、创新自我效能感的概念界定

阿尔伯特·班杜拉（Albert Bandura）在 20 世纪 70 年代基于社会认知理论提出了自我效能感概念。他认为自我效能感是个体对自己完成特定任务的自我认知和信念。这些认知和信念决定了个体在选择不同活动时克服困难的努力程度（Lee Cunningham et al.，2021）。自我效能感描述了个人对执行特定行为的信心、对该行为成功的期望，或对自己的能力或自我导向的信念（Schmutzler et al.，2019）。自我效能预期已经被证明会影响一个人是否会尝试某种行为，会在行为中付出多少努力，以及特定行为会持续多久。因此，更强的自我效能感与拥有可用（内部和外部）资源来克服困难任务的积极态度相关。自我效能感不一定反映客观现实或一个人可能拥有的实际可用资源和技能，而是对自己能完成什么任务的信念。自我效能基础的信息来源包括观察学习、成功经验、语言说服和心理状态（Bandura，1977）。观察学习是指个人如何从周围环境中学习；成功经验是指个人在不同的时间内，在一项任务中达到成功的结果，并根据经验对这一成就形成的积极态度（Lee Cunningham et al.，2021）；语言说服是指说服和鼓励与可以完成的任务相关的行为，说服者的专业知识和个人特质非常重要；心理状态与个人如何解释他们的状态有关，苦恼、焦虑等消极心理状态会产生一些负面的信念，降低他们的自我效能。

在不同的领域和情境下会产生不同种类的自我效能感。Tierney 和 Farmer（2002）结合创新活动的特性，提出了创新自我效能感的概念，认为创新自我效能感是个体对完成创新任务的自我认知和信念。创新自我效能感反映了个人产生创造价值的新想法的感知能力。Kong 等（2019）提出，创新自我效能感是一种基于社会认知理论建立的具有创造性的特定动机状态，它决定了员工的积极性，他们会分配多少努力到创新任务上，以及他们会在尝试的条件下保持他们的努力程度。Newman 等（2018）认为，创新自我效能感是一种特殊的自我效能感，是个体有能力取得创造性成果的一种信念。丁贺等（2018）也提出了同样的论点，认为创新自我效能感是自我效能感的特殊形式，是个体认为自己有能力完成创新性任务的信念。因此，本书认为，创新自我效能感是一种特殊的效能形式，强调了个体对自己完成创新性工作或任务的能力的自信情况，体现了创新和自我效能感的融合，它反映了个人产生创造价值的新想法的感知能力。

二、创新自我效能感的测量

学者们对创新自我效能感的维度结构和测量展开了深入的探讨，形成了许多不同的维度结构和测量量表。其中最经典的是 Tierney 和 Farmer（2002）开发的创新自我效能感测量量表，该量表是从创新想法的产生、创造性解决问题及改变他人观点三个方面进行界定和测量的。之后，在原量表的基础上又增加了一个测量题项"我擅长想出新方法来解决问题"，最终形成了包含 4 条目的创新自我效能感测量量表。不过，顾远东和彭纪生（2010）认为，Tierney 和 Farmer（2002）开发的创新自我效能感测量量表过多强调创造性方法的具体运用，缺少个人对创新性成果自信和信念的评价。Carmeli 和 Schaubroeck（2007）修订和完善了前人开发的创新自我效能感的测量量表，编制了包含对个人创造性成果信心评价的 8 条目测量量表。顾远东和彭纪生（2010）基于中国的特殊文化背景，修订并完善了 Carmeli 和 Schaubroeck（2007）的创新自我效能感测量量表，被我国许多研究者采纳和使用。

三、创新自我效能感的影响效应

（一）前因变量

许多学者从员工个体、领导及组织等方面探索了创新自我效能感的前因因素。一是员工个人影响因素方面的研究。Karwowski 等（2013）认为，员工个体的外向性积极影响着创新自我效能感；逄键涛和温珂（2017）探究了个体的主动性人格与其创新自我效能感之间的正相关关系；Tierney 和 Farmer（2002）论证了员工教育水平对其创新自我效能感的正向影响效应；Kong 等（2019）从社会认知理论出发，指出个体的学习目标取向、工作需要的创造力和团队学习行为之间的动态交互作用能够构建创新自我效能感。

二是领导影响因素方面的研究。Mao 等（2019）基于自我扩张理论，通过256 个领导者—追随者配对的时滞研究设计，探讨了谦逊型领导对员工自我效能感的影响效应；王双龙（2015）认为，家长式领导中的仁慈领导积极影响着员工的创新自我效能感，而权威领导抑制了员工创新自我效能感的产生；黄秋风等（2017）借鉴自我决定理论和社会认知理论的观点，提出变革型领导积极影响着员工创新自我效能感。三是组织影响因素方面的研究。顾远东和彭纪生（2010）认为，组织创新氛围与员工创新自我效能感呈正相关关系；杜鹏程等（2015）也提出，差错管理文化与员工创新自我效能感呈正相关关系；杨皎平等（2021）实证论证了人岗匹配和资源赋能对员工创新自我效能感的影响效应。

（二）结果变量

关于创新自我效能感结果变量探索，学者们主要是从创新行为、创造力及创新绩效三方面展开的。一是创新行为方面。Newman 等（2018）指出，员工创新自我效能感与其创新行为呈正相关关系，创业型领导正向调节这一影响关系，领导者参与创业行为的角色建模更容易培养员工创新行为水平较高的创造性自我效能感；Usmanova 等（2022）基于中国职场情境，收集了北京一家跨国网络公司的 283 名员工及其各自主管的数据，实证验证了员工创新自我效能感与其创新行为之间的正相关关系；丁贺等（2018）借鉴计划行为理论的观点，根据实证结果提出，员工创新自我效能感积极影响着其创新行为；同时，逄键涛和温珂（2017）、黄秋风等（2017）也验证了员工创新自我效能感与其创新行为之间的正相关关系。二是创造力方面。方阳春等（2019）提出，员工创新自我效能感与其创新过程和创新结果呈正相关关系；Kong 等（2019）根据领导隐性追随理论的观点，讨论了创新自我效能感与追随者创造力之间的正相关关系。三是创新绩效方面。Tierney 和 Farmer（2002）指出，员工创新自我效能感与其创新绩效呈正相关关系；张伶和连智华（2017）借鉴个人—环境匹配理论的观点，论证了新生代员工自我效能与其创新绩效的正相关关系；Tran 等（2018）使用结构方程模型（SEM）方法，利用来自越南 267 家中小企业的数据对模型进行了测试，提出员工创新自我效能感与其创新绩效呈正相关关系。

第五节　交互记忆系统研究文献

一、交互记忆系统的概念界定

交互记忆系统的概念最初是作为一种机制引入的，用于说明个人如何依赖外部辅助（如书籍、工件或组成员）来扩充自己的知识库。Wegner（1987）通过长期观察团队成员的行为，提出了交互记忆系统的概念。他认为交互记忆系统是由一组个体记忆系统和个体之间发生的沟通交流所构成（Wegner，1987），是团队成员之间认知相互依赖的系统（Lewis，2003）。交互记忆系统理论描述了群体成员是如何学习、记忆和交流信息的，并为这些认知劳动进行了内隐分工。这种认知劳动的分工出现在团队成员了解谁知道什么，并开始相互信任，其职责不同但具有互补领域的知识时。根据成员的专业知识划分学习、记忆和交流信息的认知劳动，可以让成员加深自己的知识，并在完成团队任务需要时，为其他成员提供相关领域的专业知识。

交互记忆系统是指为群体和组织中的个体开发的一种共享系统，用于在不同领域对信息或知识进行集体编码、存储和检索方面（Heavey and Simsek，2017）。交互记忆系统通过有效协调不同团队成员之间的知识，使嵌入到单个团队成员中的专业和可信知识的集成成为可能，从而增强了新的知识创造。拥有交互记忆系统的团队比没有交互记忆系统的团队绩效更好，交互记忆系统的研究进一步解释了这种绩效是如何产生的，描述了产生群体绩效的认知和行为机制（Wegner，1987）。

当成员开始了解其他成员知道什么和知道如何做时，交互记忆系统就在团队中发展起来了。成员可以根据过去的绩效记录、基于感知或期望等明确的信息，或者通过作为任务绩效一部分的成员间沟通来发展这种理解，形成一种共同的理解，即哪些成员拥有对交互记忆系统的发展及其绩效至关重要的信息（Argote et al.，2018）。这种共同的理解有助于团队有效地将信息和职责分配给最合适的成员，并形成一个工具目录，成员可以使用它从合适的专家处定位和检索信息。随着时间的推移，认知劳动的内隐分工逐渐形成，不同的群体成员负责学习、记忆和交流来自不同领域的信息（Dai et al.，2016）。因此，通过在成员之间存储和检索非冗余信息，以及维护关于信息位置的集体记忆，可以实现交互记忆所产生的绩效。本书认为，交互记忆系统是团队成员之间认知相互依赖的系统。在具有强大交互记忆系统的团队中，每个团队成员都拥有独特的专家知识，了解彼此所具有的专长，相互信任并进行分工协作。

二、交互记忆系统的测量

学者们对交互记忆系统的维度结构和测量进行了深入的探索。Wegner（1995）提出，交互记忆系统包括 3 个维度，分别是目录更新、信息定位和检索协调。其中，目录更新是指了解他人所掌握的知识和信息；信息定位是指新信息流向掌握专业特长的领域专家；检索协调是指团队成员可以向领域专家检索到自己需要的知识和信息。Lewis（2003）在 Wegner（1995）研究的基础上，编制了包含专业性、可信性和协调性 3 个维度的 15 条目的测量量表。Kanawattanachai 和 Yoo（2007）基于三波交互记忆数据，编制了包括专业知识定位、认知信任和任务知识协调三维度的交互记忆系统测量量表。Austin（2003）编制了包含知识储备、知识专业化、交互记忆一致性和交互记忆准确性的四维度测量量表。Brandon 和 Hollingshead（2004）认为，交互记忆系统的维度包括准确性、共享性和有效性。Oertel 和 Antoni（2015）提出，交互记忆系统包含交互记忆和交互进程两种维度。通过对交互记忆系统文献的梳理，笔者发现交互记忆系统的测量量表很多，但学术界普遍认可和采纳的是 Lewis（2003）开发的 15 条目测量量表。

三、交互记忆系统的影响效应

交互记忆系统所涉及的变量范围广泛，为了进一步明晰交互记忆系统的发展与作用，本书主要从交互记忆系统的前因变量与结果变量角度对以往研究进行梳理。

（一）前因变量

关于交互记忆系统的前因研究，许多学者从团队领导和团队成员特质展开了分析和讨论。He 和 Hu（2021）基于七波纵向研究，开发了一个动态模型，来探讨共享领导与交互记忆系统的关系，通过观察项目团队的整个生命周期得出，共享领导与团队绩效呈正相关关系。Zhang 和 Guo（2019）通过对 96 个项目团队的调查数据进行实证检验，探讨了知识领导对项目团队交互记忆系统的影响作用，发现知识领导通过不断打破团队交互记忆系统开发和运作中的沟通与合作障碍，实现了知识多样性与团队项目绩效之间的积极联系。Bachrach 和 Mullins（2019）基于领导力、交互记忆和权变理论，使用财富 250 强工业产品和服务公司 79 个销售团队的数据，探索了团队领导风格对交互记忆系统的影响效应。

除此之外，团队成员特质对交互记忆系统具有积极的影响效应，如团队成员的知识异质性、成员对团队环境的感知等。Kim 等（2021）通过对旅游相关行业的 500 名员工的横截面数据进行分析，探索了个体团队成员心理安全感知对交互记忆系统的积极影响效应。Zhang 等（2020）对 207 名研发人员和 7 名专业观察员进行了为期 6 个月的实地调查，实证检验了团队成员知识异质性与交互记忆系统的正相关关系。Hollingshead 和 Fraidin（2003）认为，团队成员的感知和刻板印象可能会对其专业知识带来影响，如果成员依赖感知和先入为主的观念，那么社会属性差异（如性别差异等）可能会对交互记忆系统的发展带来负面影响，如性别刻板印象就会影响成员对其他成员所掌握知识的推断，也会影响团队内分工相关的决策，而且这种看法与实际情况的差异可能会降低成员对彼此所掌握知识的判断的准确性，阻碍了交互记忆系统的发展。

（二）结果变量

关于交互记忆系统的结果变量研究中，学者们主要从组织、团队或企业绩效和团队创新、创造力方面展开了研究。He 和 Hu（2021）基于七波纵向研究，开发了一个动态模型，来探讨交互记忆系统对未来团队绩效的影响作用。Zhang 和 Guo（2019）以 96 个项目团队的调查数据为研究样本，探讨了项目团队交互记忆系统对团队绩效之间的关系。Bachrach 和 Mullins（2019）基于交互记忆和权变理论，使用财富 250 强工业产品和服务公司 79 个销售团队的数据，实证检验了交互记忆系统对团队绩效的影响效应。吕逸婧等（2018）借鉴高阶理论的观点，实地调研了 148 个企业高管团队，探索了高管团队交互记忆系统对组织绩效的影响效应。黄海艳和武蓓（2016）也实证探索了交互记忆系统与企业创新绩效的影响效应。

此外，交互记忆系统对团队创新和团队创造力也具有积极的影响作用。Kollmann 等（2020）基于团队过程视角，结合社会相互依存理论和知识基础理论的观点对创业过程进行了探索。他认为，在拥有成熟且强大的交互记忆系统的创业团队中，每个团队成员都拥有独特的专家知识，他们在彼此信任的基础上，通过专业知识的分享、团队任务的分工与协作，提出新观点和想法，激发团队创新行为，并促进团队产生创业导向。Cao 和 Ali（2018）以 68 个知识工作团队的 334 名成员收集的匹配调查数据为研究样本，实证检验交互记忆系统对团队创造力的积极影响作用。罗瑾琏等（2016）根据互动认知理论的观点，探索了交互记忆系统与团队创新的正相关关系。邓今朝等（2018）、彭伟和金丹丹（2018）通过实证检验得出，交互记忆系统与团队创造力呈正相关关系。

第六节 创新行为研究现状

一、员工创新行为研究

（一）员工创新行为的概念界定

在当今日益复杂、多变和竞争激烈的商业环境中，员工创新行为被视为影响企业生存和成长的关键因素。学者们对员工创新行为进行了界定和探索，认为员工创新行为是指员工把自己拥有的创新想法变为现实的活动过程。例如，Scott 和 Bruce（1994）界定了员工创新行为的内涵，认为员工创新行为包括想法产生、想法推广和想法实现三个过程阶段。在第一阶段，个人认识到问题，并确定新的想法和解决方案；在第二阶段，员工寻求赞助并建立联盟来支持新想法；在第三阶段，当员工获得足够的支持来产生一个可以扩散和制度化的原型时，他们就完成了这个过程。Ye 等（2021）认为创新是一个多阶段的过程，不同的活动和不同的个人行为在每个阶段都至关重要。员工创新行为是包括创新产生、创新促进及创新实现三个阶段的活动过程。员工创新行为从创新想法开始，接着再把创新想法推广出去。吕霄等（2020）认为，员工创新行为是员工在实际工作中产生了创新性想法和方案并得以运用。胡文安和罗瑾琏（2020）提出，员工创新行为是员工在实际工作情境中产生的创新性想法或问题解决方案运用到具体实践中的活动过程。宋锟泰等（2020）认为，创新行为包括创新性想法的产生到创新的实际应用，是员工参与创新活动的行为表现。王苗苗和张捷（2019）指出，创新行为是指员工主动寻求新技术、新程序、新产品或新服务的想法，并将这些创新性想法应用到工作实践中的活动过程。

基于上面的论述，本书提出，员工创新行为是指员工在实际工作情境中，在技术、产品、服务等方面提出新颖且有用的想法，并运用到工作实践中的活动过程。行为与动机不同，个体产生行为的原因和动力在于动机，动机是个体为了满足自己的需要或实现一定的目标，产生并维持某种行为的内在心理过程，是个体进行行为活动的内部动因或动力。因此，员工创新行为的前提和动力在于其个人的内在驱动力，员工在他人或群体的影响下，调动了其创新的内在自主性，进而有效地激发员工创新行为。

（二）员工创新行为测量

通过对员工创新行为文献的梳理发现，学者们分别从不同维度对员工创新行为进行了界定和测量。Scott 和 Bruce（1994）从创新行为的三个过程出发，开发了上级评价的 6 条目单维度员工创新行为测量量表。Zhou 和 George（2001）也基于上级评价方式编制了包含 13 条目的员工创新行为测量量表。刘云和石金涛（2009）根据创新想法产生、创新支持、创新实施三个过程，开发了员工自己评价的 5 条目员工创新行为测量量表。Janssen（2000）也依据创新产生、推进与实现三阶段的创新行为过程，编制了 9 条目的员工创新行为测量量表。顾远东和彭纪生（2010）从创新想法产生和创新想法实施两个过程，以员工自评的方式，测量员工创新行为。Kleysen 和 Street（2001）开发了寻找机会、评估构想、产生构想、支持和应用 5 个维度的员工创新行为测量量表。

（三）员工创新行为影响效应

关于员工创新行为的研究，大部分学者主要是从员工个体、组织情境和领导这几个角度研究其影响因素。

1. 员工个体因素

学者从员工的心理态度和个人特质两个方面展开了探索和研究。关于心理态度对员工创新行为的研究，Wu 等（2014）从互动主义的观点出发，实证分析了员工的认知需求、工作自主性和时间压力对其创新行为之间的影响效应。Mittal 和 Dhar（2015）指出，员工创新自我效能感与其创新行为呈正相关。仇泸毅等（2022）基于资源保存理论，实证探究了员工自我分化这一个人特质对其创新行为的影响效应。丁贺等（2018）借鉴计划行为理论的观点提出，基于优势的心理氛围能够有效激发员工创新行为。Fuchs 等（2019）通过系列访谈和四个基于场景的实验，提出个体不同的社会身份会产生不同程度的自信和自我效能感，论证了个体的过度自信和自我效能对其创新行为的影响效应。

2. 组织情境因素

学者们也探索了员工所处的组织情境对其创新行为的影响效应。例如，Hirst 等（2018）选取三个国家 70 个团队中的 317 名工程师作为研究对象，探索了团队环境对员工创新行为的影响效应。Usmanova 等（2022）基于中国北京一家跨国网络公司的 283 名员工与各自主管的匹配数据，探讨了在多元文化工作职场中，领导者的激励语言能够有效地激发员工创新行为的产生。Lu 等（2019）通过两项研究，探讨了主管的积极评估和实施的程度对员工创新行为的影响效应。Li 等（2018）基于在中国进行的三波实地调查数据，指出团队环境的潜在好处是成员可以分享知识和想法来帮助彼此解决问题，当员工处于心理安全的环境中时，他们更愿意接受其他成员的建议，进而更有效地促进员工创新行为。顾远东和彭纪生（2010）基于员工所处的组织创新氛围情境，实证检验了组织创新氛围与员工创新行为之间的正相关关系。单标安等（2019）基于情感传染理论和领导—成员交换理论，论证了员工对不同创业激情的感知与其创新行为之间的关系。

3. 领导因素

关于领导因素方面，学者们主要探索了领导的个人特质、行为以及领导风格对员工创新行为的影响效应。Yang 等（2020）借鉴社会信息加工理论的观点，实证检验了领导自恋对员工创新行为的积极影响作用。Dufour 等（2020）选取 146 名新员工—领导匹配的两波多源样本数据，实证探索了领导如何促进具有高度自我感知创造力的新员工的创新行为。Zhu 和 Zhan（2020）基于社会认知理论，构建了一个综合框架来揭示服务型领导和员工认知因素如何促进员工创新行为。刘晔等（2022）借鉴角色认同理论和行为可塑性理论的观点，实证探究了领导创新支持对员工突破性创新行为的影响效应。贾建锋和刘志（2021）使用3时点的问卷调查法，实证检验了亲和幽默型领导对员工越轨创新的影响效应。王苗苗和张捷（2019）借鉴内部人身份感知的观点，探讨了真实型领导对新生代员工创新行为的影响作用。黄秋风等（2017）根据自我决定理论和社会认知理论两种理论观点，探讨了变革型领导与员工创新行为之间的正相关关系。

二、团队创新行为研究

（一）团队创新行为的概念界定

学者们从不同的研究视角对团队创新行为的概念内涵进行了界定。West和Farr（1990）提出，团队创新是指将新颖且有用的想法、程序、方法等引入到具体实践中，旨在提高个人、团队或组织的绩效。与自上而下的变化相反，该定义强调了创新与团队成员为个人、团队、组织或周围社会实现预期利益的努力尝试有关。Somech和Drach-Zahavy（2013）认为团队创新包括创造性想法产生和创新实施两个阶段，创造性想法产生通常是指新颖、有用的想法的产生。创新实施指的是将创新想法应用到最终产品或服务中的过程（Jiang and Chen，2018）。Amabile等（1996）指出，团队创新是将新的观点、想法或方案运用到企业实践中，以维持或提升企业核心竞争优势。Gong等（2013）指出，团队创新行为是指团队产生的创造性想法和观点，是评估团队在创新方面取得有效进展的重要指标。Kratzer等（2016）指出，团队创新行为是团队成员在实际工作中投入新想法、新发明的努力意愿程度。Kier和McMullen（2018）认为，团队创新是团队成员主动投入和实施新观点、新产品、新方案等的行为过程，将新想法、新产品、新过程投入团队实践中所产生的结果。卫武和赵鹤（2018）认为，团队创新行为是团队成员在开发新产品或新服务的实际工作中，投入新观点、新方案的行为。本书认为，团队创新行为是团队成员将创造性的想法、方法、流程等运用到具体实践的行为活动，具有包括创造性想法的产生和创新实施两个阶段。

（二）团队创新行为测量

关于团队创新行为的测量主要有三种观点：第一种观点是让员工个体

评价团队成员的创新行为，经汇总得出整体评价值（Pirola－Merlo and Mann，2004）。但这种方法缺乏对团队整体性的考虑，忽视了团队结构特征。第二种观点与第一种观点不同，它认为员工个体创新行为会影响团队创新行为，但并不能简单加总员工个体的评价值，可以采用员工个体对团队创新行为的感知和评价（Isaksen and Lauer，2002）。这种测量方法测量出的结果精确度较高，既将个体创新行为的评价纳入到团队创新行为中，又整体评价了团队创新行为。第三种观点是邀请第三方评价机构进行测评，第三方评价机构能够客观真实地对团队创新行为进行评价，但这种方法对第三方评价者要求非常高，建立在具有非常强的专业知识和能力的基础上，既要全面掌握团队发展状况，又要清楚团队创新产品的市场地位。因此，这种测量方法很难操作。

（三）团队创新行为的影响效应

学者们主要从团队成员个体因素、团队环境氛围及团队领导方面对团队创新行为的影响效应进行了探索和研究。

一是团队成员个体因素方面。学者们主要探究了员工的个人特质、行为及动机对其创新行为的影响作用。Somech 和 Drach－Zahavy（2013）把团队创新行为划分为创造性想法产生阶段和创新实施阶段，将团队创新视为一种过程现象。基于交互方法，实证探究了团队成员个体创造性人格的聚合以及功能异质性对团队创新行为的影响作用。Curado 等（2017）从葡萄牙的多个行业收集了样本数据，实证讨论了员工个体知识共享行为与吸收能力对团队创新行为的积极影响作用。邓今朝等（2018）实证检验了员工建言行为对团队创造力的正向影响效应。

二是团队环境氛围方面。学者们主要研究了团队创新氛围、团队反思及团队认同对团队创新行为的影响作用。Somech 和 Drach－Zahavy（2013）基于交互方法，认为团队的创新氛围能够促进创新实施，并通过对96个初级保健护理团队的研究结果证实，当创新氛围较高时，团队创造力才能增强创新实施。Litchfield 等（2018）提出，团队认同等强烈的团队依恋可能对团队创新行为产生混合影响，甚至可能对跨团队创新行为产生负面影响。他们基于社会认同理论的组内和组间视角以及团队反思的概念来解释这些混合效应，认为团队认同对团队创新行为的影响取决于团队反思性，在团队反思性较高时，团队认同对团队创新行为具有积极的正向影响作用。

三是团队领导方面。学者们主要研究了领导个人特质与行为风格对团队创新行为影响。Marvel 等（2020）实证探讨了创始人的人力资本和合作能力与新创企业产品创新的关系，以创始人和创业教练两种样本为研究对象，研究创始人这一最高领导者的人力资本特质在新创团队创新过程中的影响作用。Gray 等（2020）通过对参与创业大赛的 79 个创意团队的定量研究和 27 支参加大学创业计划课程的团队的定性调查，探讨了创意型领导对团队创新的影响效应。Jiang 和 Chen（2018）构建了以知识为中心的综合团队机制，探讨了变革型领导这一综合团队机制是如何促进团队创新行为的。罗瑾琏等（2016）借鉴互动认知理论的观点提出，双元领导与团队创新呈正相关。彭伟和金丹丹（2018）根据社会网络理论的观点提出，包容型领导与团队创造力呈正相关关系。

第七节　现有研究述评

通过对现有文献的梳理和归纳发现，科技创业作为创业领域的新方向，取得了较好的研究进展，先前的研究成果为本书奠定了良好的基础。已有研究成果从不同角度对科技创业与科技创业者进行了界定，分析了科技创业与一般创业的区别，以及科技创业者的特征，鲜有学者对科技创业者个人特质在其创业中的作用进行了探讨，而且主要集中于科技创业者所掌握的知识、先前科研经历、创新精神等方面，缺乏社交影响力这一个人特质的探讨。社交影响力作为科技创业者在创新创业过程中表现出的最主要的个人特质，对其创新创业活动起到至关重要的影响作用。本书基于中国文化情境，拟从创业者个人特质视角出发，探索创业者社交影响力的结构维度，开发创业者社交影响力的测量量表，并分析科技创业者社交影响力对员工及团队创新行为的影响机制。本书对科技创业、社交影响力及创新行为具有一定的理论价值和实践意义。

通过对现有研究的梳理与归纳可以看出，关于社交影响力的研究取得了丰硕的研究成果，为本书进一步探讨社交影响力的影响效应奠定了基础。但现有研究成果还存在明显的不足，需要进行更深入的探讨。

第一，关于创业者社交影响力的测量问题，国内外社交影响力的测量都是基于职场情境开发的员工社交影响力量表，关于职场员工的社交影响力测量量表无法完全套用到创业者身上，创业者所需要的社交影响力也不同于员工社交影响力，尤其是在中国文化背景下，创业者的社交影响力更具有独特性，需要根据创业者的个人特质编制适用于中国情境的创业者社交影响力测量量表。

第二，关于社交影响力对员工行为的研究主要集中在员工自身的社交影响力对其知识共享行为、建言行为及员工参与创新活动行为方面，鲜有学者探讨领导者社交影响力对员工创新行为的影响作用，但是创业者作为企业最高领导者，不同于企业中的普通领导者，其社交影响力对员工创新行为的影响也会不同。

第三，现有研究探索了团队成员个体特质、团队氛围及团队领导等因素对团队创新行为的影响效应，但科技创业者作为科技创业团队的最高领导者，他们是如何构建彼此信任、知识共享、相互协作分工的创新团队，如何调动团队成员进行创新的积极性呢？社交影响力在科技创业者构建创新团队及激发团队创新行为中起到怎样的作用，这都需要进行更深入的探索和研究。

因此，本书基于 Ferris 等（2005）的研究成果，探讨了创业者社交影响力的结构维度，并开发编制了中国文化背景下的创业者社交影响力测量量表。选取科技创业者这一特殊创业群体作为研究对象，拟探讨科技创业者社交影响力对员工及团队创新行为的影响机制，以期揭开科技创业者社交影响力对员工及团队创新行为影响研究的过程"黑箱"，丰富社交影响力在科技创业领域的相关研究。

第三章

理论基础

第一节　社会影响理论

一、社会影响理论的内涵

1958 年 Kelman 提出了社会影响理论（Social Influence Theory，SIT），社会影响理论是用来解释个体在他人或群体的影响下，其观点、信念、态度及行为发生的变化。社会影响包括信息性和规范性两类社会影响。信息性社会影响是指信息不确定或无法判断时，人们以他人提供的信息进行判断，个体行为决策会参照他人或群体的行为；规范性社会影响是指个体为赢得组织或他人认可而做出的迎合行为。信息性和规范性社会影响都会表现出一定的从众行为。社会影响是个体或组织通过外部作用指导和改变个体在特定事件上的观点、信念、态度及行为，这种外部作用主要源于与个体所处的社会网络，尤其是对其重要的家人、朋友或受人尊敬的人等（Zhang et al.，2022）。罗裕梅等（2019）提出，社会影响是指人们受到他人或群体的影响使他们的观点、态度和行为的产生和改变。社会影响理论是用来阐释他人或群体影响个体行为的理论。Wang 等（2013）指出，社会影响是指影响双方之间存在着某种特定关系，一方对另一方产生的影响，也就是指他人或组织对个体信念、态度、行为的影响程度。肖璇等（2017）提出，社会影响理论用于解释个体在外在因素的引导和影响下所产生的行为改变。

二、社会影响的过程分析

Kelman（1958）指出，个体受到他人或群体的社会性诱导而产生了社会影响。其中，诱导是指社会影响产生的影响源，即他人或群体为个体提供的、能获取有优势效果的行为选择，具体形式有说服、劝说等。社会影响产生的三个前提是：一是诱导行为与影响源具有一定的关系，诱导行为可能是影响源自身的表现特征，也可能是影响源的价值观或期望的表达；二是影响源具有明确的诱导行为或信息，为个体做出某种诱导行为创造条件；三是个体行为的改变源于影响源与个体的互动，具体包括观点、情感、信念、行为等的改变。

社会影响会改变个体的行为和态度，有些是口头的、表面的改变，有些是持久的、融入个体价值观体系的改变。个体掌握了社会影响下行为态度改变的本质，可以更好地解释自己在社会影响下的具体行为。因此，Kelman（1958）通过实验方法，探讨了个体行为态度变化的社会影响过程，他认为社会影响包括顺从、认同和内化三个过程：①顺从过程是个体在受到外在社会诱导、期待或压力的影响下，为了获得他人或组织的认可、奖赏、获得回报、避免惩罚等而产生的行为改变，这是一种强制性的社会影响，个体的信念、观点并没有产生实质性的改变。②认同过程是个体真心接受外在社会因素的影响，并为了与组织保持一致及良好关系，主动做出的行为改变。认同与顺从不同，它不是源于纯粹的社会压力，而是认可并接受影响方的意见，自愿主动接受他人或组织的期待并产生的态度或行为改变，目的是与他人或群体保持良好的关系。③内化过程是个体与社会组织的价值理念趋向一致的过程。在内化机制中，个体会自觉主动与组织保持一致的价值观和行为规范。内化产生的前提条件是个人认为诱导行为与其信念和价值观相一致或能够实现个人价值或利益。

三、社会影响理论在个体行为研究中的应用

社会影响理论在个体行为研究中的应用主要集中于对组织成员、供应

商及消费者的社会影响行为分析方面。例如，Hambrick 和 Lovelace（2018）基于社会影响理论，将最小化新主题的突出或明显含义的象征性行动纳入社会影响框架中，探索成员对此类行为的反应。预测因素包括行动本身的特点、执行官的声誉以及各个成员对主题的倾向。Zhou（2019）基于社会影响视角，探讨了社会支持对移动 SNS 中社会影响的积极作用，研究结果表明，服务提供商需要营造一种支持性的氛围，以促进社会影响和用户的持续使用。Zhao 等（2018）借鉴社会影响理论的观点，通过实验法进行实证检验得出，消费者的感知评价质量对信息影响产生积极作用。黄敏学等（2019）基于社会影响理论，以美国购物点评网站 Epinion. com 为对象展开实证研究得出，消费者的网络关系可以引发负面的口碑"爆点"，对口碑数量和效价具有影响作用。

此外，社会影响理论也被越来越多地应用于不用的研究领域和情境。Kelman（1958）通过多次实验得出，被试者在受到他人或组织的影响下，其态度和行为发生了转变。Ruben 和 Gigliotti（2016）基于社会影响理论，将沟通与领导力结合起来，提出了一种在社会影响背景下的领导能力观点，探讨了领导力通过沟通对追随者产生的社会影响过程。Oc 和 Bashshur（2013）借鉴社会影响理论的观点，研究了领导者与追随者之间的双向影响效应。徐云飞等（2021）根据社会影响理论，以 135 家企业的 237 个团队和 1131 名员工为研究对象，实证检验了包容性领导与员工主动行为之间的正相关关系。周涛和王超（2020）借鉴社会影响理论的观点，以 351 份有效数据，探究了社会影响机制与用户行为之间的作用关系。罗裕梅等（2019）结合个人创新特质和社会影响理论，对包含 221 个个体的 53 个小组的样本进行实验检验得出，社会影响因素积极影响着个体创新。笔者通过对关于社会影响理论相关文献的梳理与归纳发现，社会影响理论可以很好地解释领导者的个人特质、行为风格对员工行为的影响作用。因此，本书将以社会影响理论为理论基础，从科技创业者个人特质出发，来探讨科技创业者社交影响力对员工个体及团队创新行为的影响作用机理。

第二节 自我决定理论

一、自我决定理论的内涵

Deci 和 Ryan（1985）提出了自我决定理论（Self-Determination Theory，SDT），用来解释个体的自我决定行为。自我决定理论属于行为动机理论，强调个体的自我能动性、自我行为的自愿程度，解释了外在因素对自我行为的影响作用。它使用传统的经验方法，同时采用一种强调人类进化的内在资源对个性发展和行为自我调节的重要性的有机体元理论。Gilal 等（2019）认为，自我决定理论是从内在动机视角来解释个体行为产生的原因，并有机辩证地阐述了个体在受到外因的影响下，外在动机转化为内在动机的过程。Deci 和 Ryan（1985）指出，自我决定是由个体内在决定倾向性促使其花费精力去提高自己能力的活动，是行为个体的一种心理需要。Menard 等（2017）认为，个体在追求自我成长和自我发展的过程中，会受到外部环境因素的促进或抑制作用。Al-Jubari 等（2019）提出，自我决定理论认为动机是一个连续体而非单一概念，进而个体能够把受控动机转为自主动机。

二、自我决定理论的四项子理论

自我决定理论是一个关于社会背景下的动机、情感和人格的理论。具体包括六个子理论：认知评价理论、基本心理需要理论、有机整合理论、因果导向理论、目标内容理论和关系动机理论（Sheldon and Prentice，2019）。这些子理论的融合从心理需求的角度解释了人类的行为，本书主要阐释了前四种子理论。

（一）认知评价理论

自我决定理论最早提出的子理论是认知评价理论（Deci and Ryan，1985）。认知评价理论认为，奖励刺激的"积极强化"行为可能会对随后的行为产生与预期相反的效果，减少而不是增加该行为随后自发产生的可能性。认知评价理论指出，货币激励和其他外部因素对内在动机的影响取决于人们对这些因素背后的意图相对于参与者及其动机的"认知评估"（Sheldon and Prentice，2019）。提供激励的当局似乎在利用这些激励来试图控制或强迫参与者的行为，或者提供激励的方式可能让参与者将其视为获得尊重或奖赏的信息。早期自我决定理论也提出，这种对奖励刺激产生的依赖是由于天生的自主需求，被定义为一种感觉自己是自己行为的起源和原因的需求（Mallia et al.，2019）。这种需求可能会受到奖励和当局使用的其他潜在强制策略的威胁，这样人们就会觉得自己被这些策略所控制。一旦奖励被认知地评估为试图强迫或控制，那么人们的自主性就会受到威胁，他们的内在动机就会被破坏。

（二）基本心理需要理论

基本心理需要理论是整个子理论体系的核心内容。基本心理需要理论认为，所有人都有自主的基本需求，即需要成为自己行为和选择的起源（Sheldon and Prentice，2019）。当人们的基本需求具有自主性时，他们的行为源于自己的自我意识，并且这种行为符合并表达了他们持久的价值观和兴趣。个体的基本心理需要包括三种：第一种是自主需要，是个体对参与某种活动的自我选择和行为的感受，是个体内在动机的基础；第二种是胜任需要，是个体对完成艰巨任务获得成功的能力需要，体现了个体的自信和对其能力的认可，重点关注个体能力的认知和运用的过程；第三种是关系需要，是个体与他人构建信任、尊重的良好关系并获得归属感的一种需要，是关系成员彼此尊重与依赖的需要。基本心理需要联结个体动机、行为与外部环境，当个体的基本心理需要在外部环境中得到满足时，个体外在动机就会转化为内在动机，个体的基本心理需要越是得到充分满足，其自主动机就会越强。

（三）有机整合理论

在20世纪80年代后期，研究人员进一步探索了动机自主的驱动机理，发展了相对自主连续体的概念（Deci and Ryan，1985）。根据自主连续体模型，任何一个有动机的行为，无论其他属性如何，都会位于从受控到自主的连续统一体中。有机整合理论认为，所有人都有内化他们在周围社会环境中发现的约束和规范的自然倾向。随着时间的推移，特定行为的动机倾向于向连续体的自主端转移，这是个体对环境由无自我决定到自我决定的自我整合过程（Sheldon and Prentice，2019）。在这个外在动机内化的过程中，个体的外在动机被整合为具有内在动机效果的自主性动机。外部环境在外在动机内化转化过程中具有重要作用，只有外部环境能满足个体自主、胜任和关系需要时，外在动机内化才能得以实现（Brière et al.，2021）。

（四）因果导向理论

Deci 和 Ryan（1958）发现，人们对发起或监管事件的解释或价值取向上存在着实质性的个体差异。他将这种个体差异称为因果关系取向，这意味着这些一般的动机取向可以根据人们对行为因果关系明确或隐含的理解来有效地表现出来。Sheldon 和 Prentice（2019）提出，因果定向理论确定了三种相关的形式：一是非个人导向，其中有倾向行为，但个体对该行为没有感觉到意向性；二是受控导向，其中有倾向行为，但个体将该行为定向为环境中的偶发事件和约束；三是自主导向，在这种导向中，个体寻找他人能够感受到自己自主行为的情况，或者用自主术语解释潜在胁迫情况的方法。

结合本书的研究，高社交影响力的科技创业者具有强大的创业网络能力和人际关系影响力，能让员工感受到其真诚和关爱，鼓励员工并给予其支持，满足员工的基本心理需要。科技创业者社交影响力作为影响员工创新行为最重要的组织情境因素，有效地激发了员工的内在动机，催生了员工由内而发的激情，进而有效提升员工创新行为。

三、自我决定理论在个体动机和行为研究中的应用

自我决定理论强调了人们对自我实现内在倾向的心理运动，被用于识别人性中的普遍性和个体差异，如教育、工作、亲密关系和心理治疗等重要的领域。Sheldon 和 Prentice（2019）通过对自我决定理论文献的梳理，深入探究了自我决定理论的 6 个子理论构成，以及对其他人格心理学的影响与理论支持。Koole 等（2019）认为，自我决定理论是理解人们动机和个性的综合框架，强调人们通过满足对自主性、能力和相关性的基本心理需求来实现成长和自我实现的内在倾向。自我决定理论在管理研究中的应用主要在个体内在动机及领导特质风格对员工行为的影响效应研究两方面。

首先，个体内在动机方面。Menard 等（2017）认为，动机作为一种可

衡量的结构，基于自我决定理论和保护动机理论，选取三组受访对象，构建了结合自我决定理论和保护动机理论的模型，并在安全行为的背景下比较了原生模型。结果表明，通过使用以数据和个人为中心的呼吁并为用户提供选择，管理人员可能会观察到员工参与安全行为更强烈的意愿。Al-Jubari 等（2019）整合了计划行为理论（TPB）中的社会认知方法和自我决定理论（SDT）中的有机理论，测试了自我决定理论中定义的自主性、能力和相关性的基本心理需求在塑造大学生对创业的态度和意图中的作用。Mallia 等（2019）选取两个调查样本，基于自我决定理论，探寻与年轻运动员亲社会和反社会行为相关的因素，研究结果表明，通过自主支持、促进自主动机和需求满足可能会培养年轻运动员对亲社会行为的态度。李燕萍和沈夏珏（2022）采用扎根理论分析方法，对 28 家众创空间负责人进行深入访谈，基于自我决定理论，从"双创"背景出发，探讨了创业导师特质结构及其对创业者的影响作用。

其次，领导特质风格方面。Brière 等（2021）基于自我决定理论（SDT），选取 344 名法国员工样本，以基本心理需求满足和内在动机为中介，探讨了服务型领导与员工创新积极越轨行为之间的正相关关系。郭一蓉等（2021）根据自我决定理论和社会信息加工理论的观点，实证检验了自我牺牲型领导通过激发员工的和谐型激情，积极影响着员工的工作重塑。徐本华等（2021）基于自我决定理论，以中国中西部六大城市 30 家企业 333 套领导—员工配对问卷为样本，提出领导成员交换与员工主动创新行为呈正相关关系。李红玉和刘云硕（2020）根据自我决定理论，选取 309 位互联网企业员工的样本数据，实证分析了服务型领导与员工创新行为之间的正相关关系。贾建锋等（2020）根据自我决定理论，选取两个时点的员工样本数据，实证检验了伦理型领导对员工主动性行为的影响作用。史珈铭等（2018）借鉴自我决定理论的观点，探讨了精神型领导与员工职业呼唤之间的正相关关系。曹曼等（2019）根据自我决定理论，选取高管、中层及员工的配对数据，实证检验了高绩效工作系统与员工幸福感之间的关系。

本书将借鉴自我决定理论的观点，来分析员工和谐型创新激情在科技创业者社交影响力与员工创新行为之间关系的中介作用，以期为员工创新行为研究提供重要理论指导。

第三节 社会认知理论

一、社会认知理论的内涵

20世纪80年代，美国著名的心理学家Bandura在完善和总结社会学习理论的基础上，提出了社会认知理论（Bandura，1986）。社会认知理论根据内部和外部参数及其相互关系，估计了个人参与目标行为的能力，三元互惠（代表个人、环境和行为因素的共同相互作用）是这一理论的核心（Bandura，1977），并充当人类行为的监管者和影响者。Schunk和Usher（2019）提出，社会认知理论是一种关于人们个体效能的心理学观点，强调社会环境对动机、学习和自我调节的关键作用。社会认知理论表明现有变量（系统的内部或外部输入）作为促进（或降低）行为的刺激（Otaye-Ebede et al.，2020），这些变量包括但不限于技能培训、观察到的行为、感知到的社会支持和口头说服，以及感知到的障碍、人际关系状态、环境背景、行动的内部和外部线索。

社会认知理论的内涵主要包括：①个人影响包含认知、信念、感知和情绪（Schunk and Usher，2019），个人影响有助于激发和维持动机结果的过程。②环境影响是动机结果关键行为的影响因素，是指活动选择、努力、坚持、成就和环境调节。与动机较低的个体相比，那些更有成功动机的个体选择从事活动、花费精力和坚持困难的任务、实现更高的水平，并调节其环境的特征以促进成功（Schunk and Usher，2019）。③环境影响可以影响学习者的动机过程和结果。例如，社会模式化对学习者的动机过程和结果具有很强的影响。人们经常被激励去尝试学习那些他们认为会带来理想结果并帮助他们实现目标的行为模式。人们基于对模型和其他经验的观察，对不同行动的预期结果形成预期（唐乐等，2015）。其中，个人影响因素包括自我效能感与结果期望。

自我效能感是Bandura（1977）互惠互动模型中的一个关键的个人影响因素，可以影响动机结果。自我效能评估是个体利用信息资源评估自我效能的认知过程，关于个体的观察学习、成功经验、语言说服和心理状态

（Bandura，1977；Schunk and Usher，2019）。自我效能影响动机结果的假设机制。当个体完成任务时，他们会获得自我反馈和他人对自己进度的反馈，取得进步的信念能够提升他们的自我效能感，并强化激励效果。结果期望是基于以前的经验对特定行为的可能后果的信念（王国猛等，2020）。人们以他们认为会带来预期结果的方式行事，并关注他们认为会教给他们有价值技能的模型。当人们相信他们的行动最终会成功时，结果期望可以长期维持激励性的结果（Schunk and Usher，2019）。自我效能感和结果期望在意义上不是同义词。自我效能感是个体对能做什么的信念；结果期望是指一个人对自己完成一个给定行为后会产生什么的信念。

二、社会认知理论的重要观点

（一）观察学习

社会认知理论的早期观点通常被称为"社会学习理论"，强调动机和社会变量在人类行为中的重要性。Bandura 的社会学习理论强调了观察学习的重要性。他认为，为了观察学习，个人必须关注一个模型，认知地观察这一模型，进而产生模型化的行为，受到激励。早期的建模研究确定了几个可以影响观察者动机的模型特征，如感知模型能力、模型状态和感知模型相似性（Schunk and Usher，2019）。个体期望的积极结果决定了他们的动机行为，这些结果期望是认知信念，是通过模型和观察者之间的社会互动发展而来的。

观察学习主要体现在 Bandura（1977）的社会认知论中的个人因素方面，个体通过自身体验来提高自己的观察学习能力。Bandura（1977）指出，个体从自己已有的认知和观点出发，结合观察到的他人的行为和结果，最终形成的行为准则就是个体的学习观察能力。耿紫珍等（2020）认为，个体行为大多都是参照和观察榜样的行为展开的。Bandura（1977）也强调了榜样的作用，个体通过观察榜样的行为方式和认知模式，接受自己不具有的行为或思想，进而对个体自身产生影响。通过分析发现，不管是观察学习能力还是榜样的作用，这在科技创业者社交影响力对员工创新行为的影响过程中都能找到现实体现，这在后文中也会详细分析。

（二）自我调节机制

社会认知理论提出的个体主观能动性，不单单体现在个体的观察学习能力方面，还反映在个体对外部环境的自我调节方面，这就是个体的自我调节机制（Lee Cunningham et al.，2021）。自我调节指的是自己产生的思想、情感和行为，并影响着个体目标的实现。自我调节是实现目标的必要条件。从某种意义上来说，动机过程为目标的实现创造了条件，但是自我调节会帮助个体达到目标。自我调节和自我调节学习的社会认知模型的发展代表着重要理论的进步，并说明了个体、行为和环境影响的动态互动作用（即相互作用的模型）（Schunk and Usher，2019）。自我调节包含激励，并影响着激励结果。因受到激励实现目标的学习者容易从事有效的自我调节活动，如实施策略、监控绩效、根据需要调整自己的方法、反思自己的进步以及维持完成任务的动机（即动机的自我调节）（Schunk and Usher，2019）。随着学习者自我调节他们的动机结果（如努力、坚持），自我意识增强效能应该来自对学习进度的观察，学习进度可以维持自我调节活动。

越来越多的研究强调了自我调节和动机之间的联系（Schunk and Usher，2019）。特别是，自我调节要求学习者在任务参与过程中设定目标和策略，并对其认知过程进行元认知监控。研究人员还展示了学习者如何自我调节情绪，以确保他们保持在正轨上并成功完成任务。自我调节和动机的交互影响是一个活跃的研究领域。Schunk 和 Usher（2019）认为，在外部环境的影响下，个体自身的定向能力起着关键作用，个体自我调节机制就是借助自身的定向能力确定相应的观点、情感及行为。

三、社会认知理论在个体行为研究中的应用

首先，基于社会认知理论的个体和环境因素对行为的影响研究。Otaye-Ebede 等（2020）基于社会认知理论，选取英国一家零售组织的 51 个分支机构，提出并测试了一个以社会认知理论为基础的多层次模型，该模型从个人和组织两个层面将工作场所精神的看法与绩效结果联系起来，实证检验了工作场所精神对个人和组织绩效的影响作用。Ozyilmaz 等（2018）采用从土耳其一家制造组织的 300 名员工及其各自主管收集的三波数据，基于社会认知理论的观点提出，员工对自己或自我效能的信任将与个人对系统的信任或对组织的信任相互作用，以预测工作态度和行为。夏莹等（2021）基于社会认知理论，从领导风格与员工特质匹配的视角出

发，运用问卷调查法和实验法，构建了以员工自我效能为中介、不确定性规避为调节的有中介的调节模型，揭示了威权型领导何时以及如何促进员工帮助行为。王国猛等（2020）基于员工与组织的关系，从社会认知理论视角出发，选取446名核心员工样本数据，实证检验了个性化契约与核心员工亲组织不道德行为之间的关系。

其次，基于社会认知理论的人、环境、行为的因素融为一体的研究。Cristofaro（2020）基于社会认知理论，从有限理性、情感状态的影响及其与认知的关系出发，提出了将人类认知、情感和社会行为交织在一起所需的行为策略假设，并将它们整合到社会情境认知的共同基础上，并强调情感状态在决定或被认知及其错误决策中的作用。Lin和Chang（2018）根据社会认知理论，从具有健康信息交换经验的Facebook用户那里收集的数据，构建一个研究模型来探索社交媒体中健康信息交换的前因，分析人与人之间的互动、人与信息的互动、健康自我管理能力的结果期望和社会关系的结果期望对健康信息交换行为的影响效应。汪曲和李燕萍（2017）借鉴社会认知理论的观点，实证检验了团队内关系格局与员工沉默行为之间的关系。杨晶照等（2018）根据社会认知理论的观点，采用扎根研究方法，探索了领导与成员之间创新动机的双向互动感染机制。黄秋风等（2017）结合社会认知理论和自我决定理论的观点，运用元分析技术得出，变革型领导对员工创新行为的正向影响效应。

第四节　知识基础观

一、知识基础观的起源与发展

战略领域的学者们基于西方认识论，提出了知识的概念，认为知识是"合理的真实信念"，体现了知识的显性本质。也就是说，知识与信息相联系，构建一个明确简化并易于转移的结构。这种获取知识的方法已经产生了几种理论，这些理论认为组织的运作类似于机器。例如，科学管理理论认为组织工作应该完全由成文的知识决定，公司的知识应该由特定数量的个人掌握。另一种知识观与这种传统观念不同，是在显性知识和隐性知识区别的基础上产生的（Caputo et al.，2019）。隐性知识源于个体自身，是个体难以表达清楚的知识，个体要获得这类知识需要通过观察和实践。通过探索实践，部分知识可能被编码并转化为信息，然后作为信息进行处理和传播。尽管如此，信息和显性知识被认为是不同的结构，因为特定的背景和个人观点总是存在一定程度的解释歧义，需要通过发展心智模式和语言表达来帮助知识编码。此外，由于编码需要知识组织的转变，因此它始终是一个创造过程（Eisenhardt and Santos，2002），并不完全取代它所基于的隐性知识。事实证明，隐性知识和显性知识之间的这种区别在以知识为基础的主要战略方法中尤为重要（Grant，1996），企业的战略资源来自于隐性知识。该领域的学者们认为，难以模仿且相对固定的隐性知识是保持并提升企业竞争优势的基础。

二、知识基础观的重要观点

关于知识基础观的研究，主要有两种观点：第一种观点与资源基础观相一致，认为知识是组织最重要的战略资源（Grant，1996）。尽管资源基础观认识到知识在企业获得竞争优势中的重要性和作用，但知识理论研究者认为，这种资源视角的知识基础观探索得不够深。具体而言，资源基础观将知识视为一种通用资源，而不具有特殊属性，因此，没有对不同类型的基于知识的能力进行任何区分。第二种观点与 Spender（1996）的观点一致，强调了集体知识的重要性，认为集体知识是一种隐性和社会性的知识。假设个人受到其有限理性的限制，这一主流为不同类型的行为、个体固有的限制以及公司基于知识的活动和惯例研究提供了新的研究视角。由于这种限制，并不是所有的企业知识都能在任何一个人的头脑中找到，因此，它分布在所有成员的头脑中。

（一）资源视角下的知识基础观

根据资源基础观的观点，一些学者认为知识是决定企业竞争优势的最重要的资源。然而，在资源观和知识观理论的背景下，知识的资源观点略有不同。资源基础观认为知识是一种通用的企业资源，就像其他企业资源一样（有形的和无形的）（Pereira and Bamel，2021）；知识基础观认为，知识是最重要和最具战略性的企业资源，并认为基于知识的企业资源很难模仿、社会复杂性强，对企业的产品和服务的要求更具体。坚持资源基础观的学者们认为，内部资源是企业竞争优势的基础，知识基础观对这一假设进行的完善和补充解释了企业如何通过资源异质性促进其竞争优势可持续性的提升。知识基础观假设一家公司将能够建立并保持竞争优势，前提是它能够"获取并整合其成员的专业知识"（Grant，1996）。这个观点整合了两个关键的企业资源，即企业资产和能力。因此，知识基础观认为，知识工作者（拥有专门知识的雇员）的作用以及组织的知识和协调机制整合了知识以供其应用，并使竞争对手难以模仿（Grant，1996）。即使在知识模仿的情况下，竞争对手也无法通过模仿来产生同等价值，因为他们无法获得"一个组织的内部知识，将专业和公共知识与知识整合机制相结合"。

（二）认知视角下的知识基础观

即使主流战略学者开始强调隐性知识和显性知识的含义，但相关文献中仍然出现了一种更新的认识论（Eisenhardt and Santos，2002），这些学者借鉴认知心理学和社会学的观点，强调了知识的过程，认为知识是通过社会建构起来的，产生于工作实践和特定文化背景下的社会互动活动过程。这种观点认为，知识是一种建构现实的创造性活动（Kong et al.，2019）。因此，真理应该更多地被视为知识创造过程的目标，而不是知识的绝对特征。这种观点超越了知识作为一种资源的主导概念，有学者认为知识可以采取隐性或显性的形式（Eisenhardt and Santos，2002）。在这种更新的认识论中，知识与一种认识过程相关联，这种认识过程现象显然受到其发生的社会和文化背景的影响。这种观点产生于组织学习理论中，认为组织学习在重组现有资源以创造新知识的过程中起到重要作用，并能够促进组织的成长。此外，组织惯例作为组织记忆的一种表现形式也发展了这种观点，因为知识编码产生于历史推论，并对组织中的个人和群体行为进行指导。

三、知识基础观在战略与组织管理研究中的应用

（一）知识基础观在战略管理研究中的应用

Grant 和 Phene（2022）认为，扩展知识基础观以考虑社会建构主义的知识方法和知识过程的多层次性质，可以构建更有用的以全球战略知识为基础的理论。具体从以下三个方面展开研究：全球范围内探索包括宏观机构和微观个体的经济组织知识基础观，专注于将人类和机器学习整合到全球范围的知识基础构建，以及跨空间的知识类型和知识过程的综合框架的创建。Martin 和 Javalgi（2019）基于知识基础观，提出相关知识的获取和运用对企业绩效的提升起到至关重要的作用。通过构建国际新创企业出口绩效的知识基础观框架，来评估基于知识的资源在创业导向绩效中的作用。Simao 和 Franco（2018）基于知识基础观，以 2591 家葡萄牙公司为研究样本，基于知识的角度强调外部知识源在公司工作场所组织创新中的重要性，认为知识来源可以促进在工作场所引入新的管理实践，组织创新的许多想法和实施措施来自于外部。孙家胜等（2018）基于知识基础观，提出知识动态能力是提升企业竞争优势的有效路径。肖飖等（2019）拓展了资源与机会互动的资源基础观，提出处于成熟期的企业专有知识能够通过其品牌资产促进企业持续竞争优势的提升。

（二）知识基础观在组织管理研究中的应用

Singh 等（2021）基于资源基础观和知识基础观，考察了中小企业开放式创新的前因和结果。通过实证研究得出，高层管理人员的知识价值和知识创造实践会影响开放式创新，进而影响组织绩效。Donnelly（2019）基于知识基础观，揭示了影响公司和员工知识管理和交流的紧张局势和挑战，探索了这些紧张局势和挑战如何影响员工的观点和行为。Caputo 等（2019）根据知识基础观，实证探究了知识管理与员工协作和共同创造价值的意愿和能力，以及组织的经济绩效之间的关系，评估了人力资源和技术基础在组织的知识管理方法与其绩效之间的关系中的作用。Shujahat 等（2019）基于知识基础观，以巴基斯坦 IT 部门的 369 名知识工作者为研究对象，提出了一种新的研究模型来探讨知识工作者生产力在知识管理过程（知识创造、知识共享和知识利用）和创新之间被忽视的关键中介作用。实证结果表明，知识工作者的生产力在知识管理过程的两个环节（知识创造和知识利用）和创新之间起着中介作用。李柏洲和曾经纬（2021）基于知识基础观的观点，实证分析了知识搜寻与知识吸收能力契合与企业创新绩效之间的关系。

第五节　本章小结

本章主要阐明了本书所涉及的理论分析视角。本书基于社会影响理论、社会认知理论、自我决定理论和知识基础观来论证研究内容之间的逻辑关系。

首先，本书最主要的理论基础是社会影响理论，研究社会影响理论的学者们认为，个体具有的知识、经验、能力等特质能够对他人的价值观和行为产生影响。科技创业者社交影响力是学者在创新创业活动中表现出的最主要的个人特质，能够对利益相关者产生较强的影响力和控制力。本书的主效应能够通过社会影响理论得到充分的解释。因此，本书把社会影响理论作为主要理论，来解释科技创业者通过自身的社交影响力对员工和谐型创新激情和创新自我效能感产生影响以激发员工创新行为的活动过程，以及通过社交影响力去构建交互记忆系统以激发团队创新行为的活动过程。

其次，本书根据自我决定理论、社会认知理论来解释科技创业者社交影响力对员工创新行为的影响作用。基于自我决定理论，深入探究科技创业者通过社交影响力，调动员工"想做"动机的和谐型创新激情，以及基于社会认知理论，探索科技创业者社交影响力对员工"能做"动机的创新自我效能感的影响，进而激发员工的创新行为。此外，本书还借鉴领导—成员交换理论的观点，分析科技创业者与员工之间的领导—成员交换关系在科技创业社交影响力与员工创新行为关系中的调节作用，明晰这一机理的应用情境。

最后，本书基于社会认知理论和知识基础观来阐释科技创业者社交影响力对团队创新行为的影响作用。借鉴知识基础观和社会认知理论的观点来探索交互记忆系统在科技创业者社交影响力与团队创新行为之间的中介作用，证明了构建相互信任、专业知识互补、协作分工的交互记忆系统在科技创业者社交影响力对团队创新行为影响作用中的重要性。此外，本书还分析团队心理安全在科技创业者社交影响力对交互记忆系统及团队创新行为的影响机制中的调节作用，厘清这一作用机制的边界条件。

通过相关理论分析，厘清各理论与研究内容之间的逻辑关系，为后面第四章、第五章和第六章的研究奠定了坚实的理论基础，同时也为研究模型与各变量之间关系的论证提供了重要依据和理论支撑。

第四章

创业者社交影响力的结构探索与量表开发

本章为科技创业者社交影响力研究的起点,社交影响力对创业者的创新创业活动起着至关重要的作用。现有的关于社交影响力的量表都是基于职场情境的员工个体进行测量的,然而,创业者和员工的角色和目标不同,与之交往互动的对象也不同,因此创业者与员工的社交影响力虽有相同之处,但也存在着很大的区别。在探讨创业者与员工社交影响力区别的同时,还需要分析创业者与企业中一般管理者的社交影响力的不同之处。创业者与一般管理者交往互动的对象和情境不同,在企业中所充当的角色、承担的责任及在战略决策中的作用也不同,因此两者在与内外部利益相关者的互动影响不同,其社交影响力可能也会有所区别。因此,本章的主要目的是界定创业者社交影响力的内涵、厘清创业者社交影响力的结构维度、开发创业者社交影响力测量量表三方面的内容。

第一节 研究目的

创业者作为企业的创始人及最高管理者,在创业过程中扮演着不可替代的角色。在同等条件下,即便拥有相似的知识与技能,也并非所有人都能够成功创建新企业(Fang et al.,2015)。由于创业者自身具有某些特质,与缺乏这些特质的个体相比,他们更有可能从事创业活动(Zhang et al.,

2022）。因此，创业者在创立与发展企业过程中展现出的某些个人特质成为当前创业研究关注的焦点。

近几年，随着创业环境的日趋复杂化、动态化，学术界对创业者在创业过程中展现出的个人特质及其重要性展开了讨论。例如，Harrison 等（2019）选取1500家公司的3000多名CEO样本，开发了对CEO的五大人格特质的语言测量方法和测量工具，并探索了CEO个人特质和环境的相互作用对企业战略和组织绩效的影响效应。Chen 等（2021）采用双边匹配模型，探讨了CEO的个人特质在企业创业和收购行为中的重要作用。Fang 等（2015）也指出，创业者的个人特质不同，对社会资本的获取和利用情况不同，产生的创业绩效也不同。Honoré 和 Ganco（2023）指出，创始人的先前行业经验有助于提高初创企业的平均绩效。刘依冉等（2020）结合了创业理论与人格心理学，对创业者自恋人格与创业行为之间的关系进行探讨和分析。李颖等（2021）基于管理认知能力视角，探讨了创业者先前经验与对创业企业商业模式创新之间的正相关关系。赵文红和孙万清（2015）通过选取165家新创企业，实证分析了创业者先前知识与创业绩效之间的正相关关系。张默和任声策（2018）采用探索性案例研究方法，借鉴事件系统理论的观点，对创业者创业能力的产生与影响作用进行了分析和讨论。创业者的先前知识、经验及创业能力等个人特质对其创业活动具有重要的影响作用。然而，在创业过程中，创业者需要与顾客、销售商、供应商、政府、金融机构等外部组织进行互动博弈，以获取有助于创业成功的关键资源（Tocher et al.，2012）。同时，创业者也需要对企业内部员工进行激励与沟通，以促使员工为实现自己的创业目标而努力工作，而与这些内外部利益相关者的沟通互动需要创业者具有很强的社会交往互动能力。影响创业成功的一个关键因素是，创业者能够成功地与利益相关者交往互动，以其行为方式和策略影响利益相关者按自己的目标行事（Ferris et al.，2005），以实现其创业目标的能力。创业者身上所体现出的这种与利益相关者互动并影响利益相关者行为的能力被称为社交影响力，是创业者在创业过程中展示出的最主要的个人特质（Fang et al.，2015）。

本章的研究目的是基于中国文化背景下，结合创业活动的特点，编制并开发创业者社交影响力量表。学者们一直认为社交影响力是解释个体行为的重要变量，可以影响个体的行为、工作绩效及职业成功。并且越来越多的学者注意到社交影响力不单在员工层面起作用，在创业过程中，也影响着创业者的行为，在创业者与利益相关者的互动博弈中起到至关重要的作用。关于社交影响力的研究焦点也逐渐从员工个体社交影响力转向了创业者社交影响力研究（Tocher et al.，2012；Fang et al.，2015；Zhang et al.，2022）。越来越多的国内外学者注意到创业者社交影响力的重要性，也进行实证研究发现了创业者社交影响力对企业成长、创业绩效及资源获取等的积极促进作用（Tocher et al.，2012；Fang et al.，2015；肖宇佳、潘安成，2018）。

关于社交影响力的结构维度和测量，国内外学者进行了深入的探索和研究。例如，Ferris 等（1999）首次界定了社交影响力的维度结构，从个体对他人影响和理解的能力出发，开发了 6 条目的社交影响力测量量表。2005 年，Ferris 等在 6 条目社交影响力测量量表的基础上，编制了由社会机敏、人际影响、网络能力和外显真诚四维度构成的 18 条目测量量表。Douglas 和 Ammeter（2004）从下属感知的领导者社交影响力的研究视角，编制了 12 条目的测量量表，具体包括网络建设和人际关系影响两个维度。国内研究者立足于我国文化背景，以职场员工为研究对象，探究了员工个体社交影响力的结构与测量。例如，柳恒超等（2008）提出了包括处世圆通、关系经营、人际敏锐、表现真诚和面子和谐 5 个维度的 22 条目测量量表。林忠和孙灵希（2012）从传统和特色社交影响力两个方面开发了 19 项测量量表，包括 5 个维度，分别是和谐人际、形势机敏性、面子经营、能力型社交和权术运用。蒋斌（2009）通过心理学实证研究方法，提出了由政治敏锐性、人际关系影响力、关系拓展力、组织协调力 4 个维度构成的 24 条目测量量表。路燕利（2009）提出了 14 条目测量量表，包括情感表达维度、人际关系维度、情景理解 3 个维度。

关于社交影响力的测量，国内外学者大多都采用 Ferris 等（2005）开发的社交影响力量表。然而，该量表是否适用于中国文化背景的创业者个体研究，还需要进一步商榷。创新创业研究方面的学者们提出，基于中国情境的研究要更多地考虑中国元素，如思维差异、关系网络和社会文化等。社交影响力是一个个体层面的概念，极易受到个体思维、社会关系等因素的影响。例如，中国是关系社会、熟人社会，关系文化下形成的个体行为特征渗入到了社会生活中的各个领域（Fang et al.，2015），且越来越多的国内外学者已经开始注意到中国情景下关系的重要作用（Burt and Opper，2020），因此，研究中国情景下的创业者社交影响力显然要考虑更多的关系、网络属性。

从以往的研究来看，无论是国外研究还是国内研究，社交影响力的测量量表都是基于职场中的个体而言的，测量员工对职场中他人的人际交往与影响能力。但这种测量量表并不能完全复制应用于创业者身上，创业者与普通员工不同，创业者决定着企业的战略发展方向，他们交往互动的对象与普通员工不同，交往互动的目的也不同。因此，创业者所需要的社交影响力也不同于普通员工个体。创业者作为企业的最高领导者，他们需要的是对创业环境的敏锐感知、通过网络构建以获取和整合关键资源、对参与创业活动的利益相关者的人际关系影响、与内外部利益相关者互动博弈的权术运用等社交影响力。通过对外部环境的敏锐感知，以抓住好的创业机会。通过网络构建，与各类利益相关者进行互动博弈，以获取关键的信息与资源（Luo et al.，2020），并对自己所拥有的各项创业资源进行整合，以自己强大的人际关系影响能力和权术运用能力，使利益相关者认可并相信自己，进而影响和改变利益相关者的行为，以实现自己的目标。研究者提出，创业者社交影响力在结构维度上应该有其独特性，并不只包含员工个体层面的概念化内容，关于创业者社交影响力的测量不能完全照搬套用员工个体社交影响力量表。故而，关于创业者社交影响力的结构和测量需要更深入的探索和研究。

从现有国内外量表的使用上看，国内外研究存在如下问题：①缺乏专门测量创业者社交影响力的量表。无论是国内研究还是国外研究，都是采用测量员工社交影响力的量表来测量创业者的社交影响力（例如，Tocher et al.，2012；肖宇佳、潘安成，2018）。然而，关于员工社交影响力的测量量表主要是基于职场中的普通员工个体，测量其在工作场所中的人际交往与影响能力。但这种测量量表并不能完全适用于创业者，对创业者个体来说，他们需要具备这种通用的社交影响力。但从创业者角色来看，这些通用的技能还远远不够。创业者需要对外部环境具有敏锐的政治洞察力，通过对外部环境的识别，抓住创业机会。作为创业者，除了对机会与威胁具有识别能力外，还要具有创业网络能力，创业者社交影响力在创业网络能力方面主要表现在通过与利益相关者交往互动，构建关系网络，以获取与整合创业资源。同时，创业者还要具有高超的权术运用能力，对利益相关者施加影响和控制，以实现自己的创业目标。②缺乏本土化的创业者社交影响力量表。虽然有国内学者开发并验证了社交影响力量表，但国内社交影响力测量量表也都是基于员工视角开发的员工社交影响力量表（例如，柳恒超等，2008；林忠、孙灵希，2012）。国内学者开发的社交影响力测量量表适应中国本土化情境，但缺乏对创业情境下的创业者社交影响力内容和结构的阐释。虽然学者们引用国外量表在以中国创业者为样本的检验中获得了较好的应用（例如，肖宇佳、潘安成，2018；程聪等，2014），但中国创业活动更多关注政治环境与关系文化，现有的测量量表无法促进创业者社交影响力研究的本土化发展。同时，创业者社交影响力主要是描述并分析创业者在创业过程中展现出的个人特质、行为方式、社会交往与影响过程（Fang et al.，2015）。从西方引入的社交影响力构念必须关注社会文化差异的影响。已有的实证研究证实了中西方背景下创业者社交影响力存在着不同的影响（吴论文、杨付，2019）。鉴于此，为推动社交影响力研究在中国创业情境下的发展，本书认为应深入探讨中国文化情境下创业者社交影响力的内涵和结构，编制适合于中国创业情境的创业者社交影响力量表。希望本书能指出中国文化情境下创业者社交影响力的特殊性，为基于中国情境的创业管理理论与实践带来有益启示。

第二节 量表开发的步骤

依据温利群（2017）提出的量表开发程序，本书的量表开发步骤主要包括明确目标构念、编写测量题项、选择问题形式、评审测量题项、测试与修订测量量表。量表开发步骤如图4-1所示。

步骤一：明确目标构念。研究者首先要明确需要测量的目标构念。在这一过程中，量表编制者需要界定目标构念的内涵及与其他相关构念的区别和联系、明确目标构念的范围与边界、确定目标构念的内部成分。

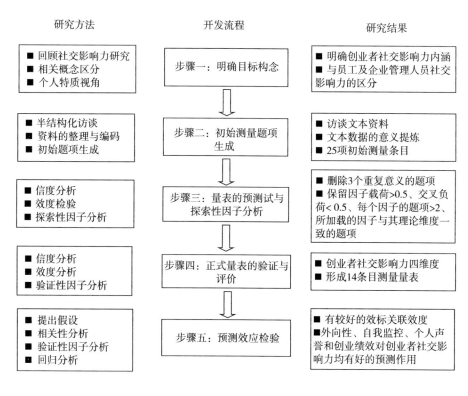

图4-1 创业者社交影响力量表开发的流程与结果

步骤二：初始测量题项生成。初始测量题项生成的方法包括归纳法、演绎法及组合法。归纳法是通过各种途径来收集测量目标构念的相关描述，并对所获题项进行筛选与分类；演绎法是指通过归纳整理现有文献，从测量指标的内涵范围出发，编制与其相匹配的测量题项；组合法是归纳法与演绎法相结合，融合了两种方法的优点。通过归纳法、演绎法和组合法产生初始测量题项。

步骤三：量表的预测试与探索性因子分析。初始测量题项生成之后，邀请研究领域的专家或测量对象对初始量表进行评价，确定量表题项问题，进行预测试。管理学研究的量表大多都采用李克特量表，有5级、6级、7级等不同等级的量表形式（比如5级量表，1表示非常同意；2表示同意；3表示一般；4表示不同意；5表示非常不同意）。根据量表测量需求，选取调研样本，并对样本数据进行信效度检验与探索性因子分析。

步骤四：正式量表的验证与评价。在样本数据预测试结果的基础上，再次邀请研究领域的专家对修订后的量表题项进行评价。根据专家意见和预测试结果，修改和完善测量量表，最终确定正式测量量表题项。根据量表测量需求，选取调研样本，并对样本数据进行信效度检验与验证性因子分析。

步骤五：预测效应检验。根据正式测量量表的验证结果，选取关联度高的效标变量对预测效应检验。效标关联效度主要是用来检验量表与外在效标的关联程度。通过提出假设，收集数据，对样本数据进行相关性、验证性因子及回归分析，以确保测量量表的预测效度。

第三节　创业者社交影响力量表开发

一、创业者社交影响力的概念及内涵界定

（一）创业者社交影响力的概念界定

社交影响力的概念最早是由 Pfeffer（1981）提出来的，他认为社交影响力是个人成功的重要条件。Mintzberg（1983）也提出，为了实现个人或组织的目标，个体需要具备说服、劝说、影响他人行为的技能。社交影响力是一种影响他人的能力，是为了实现个人或组织目标，个体在工作中运用相应的知识有效影响、控制他人的能力（Ferris et al.，2005）。创业者社交影响力是创业者与利益相关者在资源和利益博弈过程中所展示出的说服、劝说及妥协等社会能力（程聪等，2014），是创业者在不同关系情境下，通过具体策略影响他人行为、处理人际交往问题的一种特殊社会技能（肖宇佳、潘安成，2018）。从社会学和行为学相关结合的视角来看，社交影响力是创业者在创业过程中所展现出的最主要的个人特质，对创业社会网络的构建和企业绩效具有重要的影响作用（Fang et al.，2015）。创业者社交影响力是创业者在创业过程中有效理解利益相关者，并利用自己拥有的知识来影响利益相关者以提高其个人或组织目标的行为方式的能力（张学艳等，2020a）。

（二）创业者社交影响力与员工及企业管理人员社交影响力的区别

由于创业者和普通员工的目标不同，与之交往互动的对象也不同，两

67

者社交影响力存在相似之处，也有着很大的区别。普通员工的社交影响力主要体现在员工与领导或同事之间的交往互动，通过对自己所处的职场环境仔细观察，改变自己的行为和策略以适应或影响领导及周边同事的行为方式，来实现自己的职业晋升、工作绩效等目标（唐乐等，2019）。员工社交影响力强调的是善于观察自己的社交环境，通过与职场中的他人进行交往互动，调整自己的行为去适应环境或影响社交环境中的其他人，以实现自己的目标。创业者社交影响力与员工个体的社交影响力有相似之处，都强调了网络关系构建和人际关系影响的重要性，但侧重点、运用的情境及程度有很大的区别。在中国关系社会（人情社会）背景下，创业者的创业网络能力和人际关系能力主要表现在，通过与政府、客户、供应商、金融机构、员工等内外部利益相关者构建关系网络，以获取重要的信息与关键资源（Hallen et al.，2020），并通过人际关系影响力，合理利用并整合这些资源，实现创业的成功。另外，在中国转型经济发展的背景下，创业者面对的外部环境更为动态多变，这就要求创业者对创业环境具有敏锐的政治洞察力，及时感知和发现外部环境的变化，抓住创业机会（Zhang et al.，2022）。同时，由于受到中国文化的影响，创业者与内外部利益相关者的交往互动需要更多的社交行为和社交技巧。因此，创业者还要具有高超的权术运用能力，对利益相关者施加影响和控制，以实现自己的创业目标。

在探讨创业者社交影响力与员工社交影响力区别的同时，还需要分析创业者与普通企业管理人员社交影响力的不同之处。创业者与一般管理者交往互动的对象和情境不同，在企业中所充当的角色、承担的责任及在战略决策中的作用也不同，其社交影响力可能也会有明显区别。创业者作为企业的最高领导者和管理者，决定着企业的战略发展方向，在企业创业活动充当着关键的中心角色（周键等，2019）。创业者需要的社交影响力，是对企业所处的政治环境、行业环境、市场状况等具有敏锐的感知能力，能够根据市场的变化及时调整企业的战略策略；关系网络的构建主要是围绕有利于自己创业成功的政府、客户、供应商、金融机构、员工等关键合作伙伴进行的（Fang et al.，2015），通过自己的人际关系影响力，获取合作伙伴的认可和信任，影响或改变利益相关者的行为或想法，为其提供更多稀缺的、有价值的、关键的创业资源（Hallen et al.，2020；肖宇佳、潘安成，2018），以实现自己的创业目标。由于受到中国文化背景的影响，在与内外部利益相关者交往互动过程中，创业者还要擅于运用权术，以影响和控制利益相关者的行为。这与普通企业管理人员侧重于协调企业内部人际关系、执行高层领导决策任务的社交影响力有显著区别。

二、初始测量题项生成

本书通过阅读大量社交影响力相关的研究成果和成熟文献，对国内外社交影响力的理论和成果进行梳理与分析，尤其是被广泛引用的测量量表，参照并将其作为本书量表测量题项的基础。本书初始测量题项生成的过程包括：①从不同行业、不同地区选取不同年龄、不同性别、不同学历层次的创业者进行深度访谈；②对深度访谈获取的原始资料进行编码与整理，得出创业者社交影响力的典型特征描述，初步形成创业者社交影响力的维度框架；③邀请管理专家对调查问卷进行评价和审核，并结合创业者社交影响力的相关文献研究，归类梳理编码文本，生成初始测量题项。

（一）半结构化访谈

量表内容的完整性和内容效度取决于样本的代表性，访谈对象的选取尤为重要。笔者采用代表性抽样，选取有代表性的创业者作为研究对象，如选取来自不同地区、不同行业的创业者。根据文献回顾和梳理可知，社交影响力是个体层面的概念，是创业者重要的个人特质。因此，控制变量确定为创业者的年龄、性别和受教育程度。

与创业者的访谈采用半结构化方式，同时确保有 2 名研究人员在场。具体程序包括：首先，介绍访谈的背景和内容；其次，对受访对象解释创业者社交影响力的概念；最后，请受访对象表达对创业者社交影响力的看法，再询问受访对象在创业过程中是否存在以及如何施展社交影响力，同时做好记录。如"您认为您创业成功的原因是什么？""您觉得与外部利益相关者互动与合作时，需要具有哪些能力？""您觉得在与内部员工互动时，需要具备哪些能力？""您认为在创业过程中社交影响力重要吗？为什么？""请您简单描述一下您或您朋友创业过程中的社交影响力"等。访谈提纲如表 4-1 所示。

表 4-1   访谈提纲

访谈目标	主要问题
了解创业者创业成功与失败的归因	您认为您创业成功的原因是什么？（请列出 5~10 条）
	您认为没有实现预期创业目标的原因是什么？（请列出 5~10 条）
了解创业者与内外部利益相关者之间沟通和影响过程	您觉得与外部利益相关者（如政府、投资商、供应商、销售商、顾客、竞争对手等）互动与合作时，需要具有哪些能力？（请列出 5~10 条）
	您觉得在与员工互动时，需要具备哪些能力？（请列出 5~10 条）
	您的创业理念及行为如何得到创业团队成员的认可和支持？
了解创业过程中创业者社交影响力的重要性	您认为在创业过程中社交影响力重要吗？为什么？
	请您简单描述一下您或您朋友创业过程中的社交影响力

　　本书中受访者数量的确定是以案例研究的饱和度为评判标准。采取边访谈边整理数据的方法，直到不能获取新内容时停止访谈，表示所收集的数据已经达到了饱和。最终先后访谈了 16 位创业者，与每位创业者访谈 2~3 小时，16 位创业者共访谈 40 小时，形成访谈文本资料共 50166 字。16 位受访创业者中，男性创业者 12 人，女性创业者 4 人；专科及以下 1 人，本科 4 人，硕士研究生 8 人，博士研究生 3 人。创业年限主要集中在 3~5 年。深度访谈样本信息如表 4-2 所示。

表 4-2   访谈对象基本信息 （N=16）

受访者编号	公司名称	公司成立年限	年龄	性别	学历	访谈时间（分钟）
1	A 公司	3~5 年	31~35 岁	男	硕士	150
2	B 公司	6~8 年	45 岁以上	男	博士	180
3	C 公司	1~3 年	36~40 岁	女	硕士	150
4	D 公司	3~5 年	31~35 岁	男	本科	140
5	E 公司	1~3 年	36~40 岁	男	本科	140
6	F 公司	3~5 年	45 岁以上	男	硕士	170
7	G 公司	1~3 年	30 岁及以下	女	本科	140
8	H 公司	3~5 年	41~45 岁	女	硕士	150
9	I 公司	3~5 年	45 岁以上	男	博士	180

续表

受访者编号	公司名称	公司成立年限	年龄	性别	学历	访谈时间（分钟）
10	J公司	1~3年	36~40岁	男	硕士	150
11	K公司	3~5年	36~40岁	男	本科	120
12	L公司	1年及以下	36~40岁	男	硕士	140
13	M公司	6~8年	36~40岁	男	硕士	130
14	N公司	3~5年	41~45岁	女	博士	160
15	O公司	1年及以下	30岁及以下	男	大专	140
16	P公司	8年以上	41~45岁	男	硕士	160

（二）访谈资料的整理与编码

本书采用意义提炼的方式对收集的访谈资料进行编码，从中提炼出关键的主题信息。挑选专家组成研究小组，研究小组成员首先阅读访谈资料，找出与研究主题相关的内容；其次明确主题定义，并根据研究目的审查主题意义，判断是否能清晰明了地提炼出主要观点；最后将提炼整理的意义主题放入简洁连贯的结构中，初步形成创业者社交影响力的维度框架。

本书的研究小组是由2名博士研究生和3名硕士研究生组成，所有成员均受过关于创业者社交影响力的培训。5个小组成员收集并整理访谈内容，删除与本书研究无关的内容，梳理归类所获取的信息。将访谈中提及到的与"环境""洞察"相关的语句归纳为一组，如"作为创业者，一定要找准方向，具有很强的市场预判能力""创业者要抓住时代发展的大方向（战略眼光），把握好时下的商机""创业者时刻以创业大局为重，关注国家大政方针和宏观调控政策，研究行业的发展趋势""创业者要具有敏锐的洞察力，清楚了解创业项目的发展前景"等；将访谈中提及到的与"网络""关系"相关的语句归纳为一组，如"为了实现创业成功，创业者需要通过多种渠道、多种方式与可以合作的利益相关者建立关系网络""创业者擅长与政府、客户、供应商、金融机构等重要合作者建立良好的关系以获取信息和资源""创业者与利益相关者建立了强大的关系网络，并擅长运用自己的关系网络实现创业资源的获取与整合"等；将访谈中提及到的与"人际交往""影响力"有关的语句归纳为一组，如"创业者善于和利益相关者打交道（交流沟通、社交能力强）""创业者能够很轻松地与利益相关者建立密切的关系""创业者具有协商、谈判、说服和影响他人的能力"等；将访谈中提及到的与"灵活""真诚"有关的语句归纳为一组，如"创业者擅长站在他人的立场上'换位思考'""在与创业伙伴和利益相关者沟通时，尽量在言语和行为上表现得很真诚""创业者会灵活利用各种办法，让创业伙伴和利益相关者相信自己是一个言行一致的人"等。经过梳理与归纳，将上述四组内容总结为四个方面：①具有敏锐的洞察力，能及时抓住创业机会；②网络构建能力强，能充分利用创业关系网；③人际交往能力强，在利益相关者中有影响力；④灵活应变能力强，擅长运用权术解决问题。最终形成了 4 个类别 256 条项目，这与社交影响力相关文献研究中总结归纳的结构维度非常接近，创业者社交影响力描述如表4-3 所示。

表4-3　来自深度访谈的创业者社交影响力描述

归纳框架	访谈记录摘要
具有敏锐的洞察力，能及时抓住创业机会	"作为创业者，一定要找准方向，具有很强的市场预判能力" "创业者具有敏锐的洞察力，清楚了解创业项目的发展前景" "创业者要抓住时代发展的大方向（战略眼光），把握好时下的商机" "创业者时刻以创业大局为重，关注国家大政方针和宏观调控政策，研究行业的发展趋势" "在创业过程中，创业者知道怎样让政府官员或创业伙伴帮助他创业" "创业者要善于把握创业机遇，很快明白政府官员或创业伙伴的需求和意愿" "创业者非常关注政府官员、客户、供应商、员工等利益相关者的做事动机和意图" "在与政府官员或创业伙伴沟通时，创业者非常注意观察他们的面部表情"
网络构建能力强，能充分利用创业关系网	"为了实现创业成功，创业者需要通过多种渠道、多种方式与可以合作的利益相关者建立关系网络" "创业者擅长与政府、客户、供应商、金融机构等重要合作者建立良好的关系以获取信息和资源" "创业者与利益相关者建立了强大的关系网络，并擅长运用自己的关系网络实现创业资源的获取与整合" "创业者的人脉关系对于他们的成功创业非常重要" "创业者在创业中通过构建关系网来解决创业问题的能力很强"

归纳框架	访谈记录摘要
人际交往能力强，在利益相关者中有影响力	"创业者要具有协商、谈判、说服他人、影响他人的能力" "创业者与利益相关者沟通交流时，会让他们感觉舒适、放松" "创业者善于和利益相关者打交道（交流沟通、社交能力强），能轻松地与利益相关者进行沟通交流" "创业者能够很轻松地与利益相关者建立密切的关系" "创业者擅长让周边的创业伙伴和利益相关者喜欢自己"
灵活应变能力强，擅长运用权术解决问题	"创业者善于站在他人的立场上'换位思考'" "创业者善于协调团队成员关系，调动他们的积极性，使他们充分发挥其才智，激发他们高效率地工作" "在与创业伙伴和利益相关者沟通时，尽可能在言语和行为上表现得很真诚" "创业中很重要的一点是，一定要让利益相关者相信自己是一个言行一致的人" "创业者会灵活利用各种办法，让创业伙伴和利益相关者确信自己是个真诚可信的人"

资料来源：笔者根据访谈内容整理。

（三）初始题项生成

由于每一类别的编码条目较多，对编码文本进行二轮归类，并邀请6名管理专家（3名管理学教授和3名管理学博士研究生）对调查问卷进行评价和审核，并基于经典文献中关于创业者社交影响力测量题项的表述，对访谈结果进行梳理，归纳整理出各题项，筛选提炼并合并语意相近的题项。从本书的实际需要和创业情境出发，对筛选整理的测量题项进行修订，最终形成25个创业者社交影响力测量量表题项（见表4-4）。具体包括四个结构维度：①环境敏锐；②创业网络能力；③人际关系影响；④权术运用。

维度1：环境敏锐。创业环境是动态多变的，这就要求创业者及时感知到创业环境及利益相关者的变化，能够及时从国家政策、行业发展趋势、市场情况及利益相关者的行为中抓住商机，敏锐地对创业环境进行判断，实现成功创业。环境敏锐维度主要反映了创业者对创业环境的敏锐感知能力，即时刻关注外部环境的变化与发展，及时把握创业机会。

表 4-4　创业者社交影响力量表初始题项

编号	编码条目	类别
PS1	创业者具有敏锐的洞察力，善于把握创业机会	环境敏锐
PS2	创业者时刻关注国家政策、行业前景及发展趋势	
PS3	创业者具有很强的市场预断能力	
PS4	创业者本能地知道如何让政府、客户、供应商、员工等利益相关者帮助自己创业	
PS5	创业者能够有效地理解政府、客户、供应商、员工等利益相关者的行为与态度	
PS6	创业者非常擅长发觉政府、客户、供应商、员工等利益相关者的做事动机和意图	
PS7	在与政府官员或创业伙伴沟通时，创业者非常注意观察他们的面部表情	
PS8	为了实现创业成功，创业者需要通过多种渠道、多种方式与可以合作的利益相关者建立关系网络	创业网络能力
PS9	创业者擅长与政府、客户、供应商、金融机构等重要合作者建立良好的关系以获取信息和资源	
PS10	创业者通过构建关系网络来解决创业问题的能力很强	
PS11	人脉关系对于创业者成功创业非常重要	
PS12	创业者与利益相关者建立了强大的关系网络，并擅长运用自己的关系网络实现创业资源的获取与整合	
PS13	创业者在创业中构建关系网来影响利益相关者的能力很强	人际关系影响
PS14	创业者能让利益相关者感觉与自己交往舒适、放松	
PS15	创业者能轻松有效地与利益相关者进行沟通交流	
PS16	创业者能很轻松地与利益相关者建立密切的关系	
PS17	有时创业者像个演员，以不同的角色与利益相关者打交道	
PS18	创业者擅长让周边的创业伙伴和利益相关者喜欢自己	
PS19	创业者会在必要时做足表面功夫，使利益相关者感到创业者对他们的尊重和重视	权术运用
PS20	创业者善于站在利益相关者的立场上"换位思考"	
PS21	创业者善于发现团队成员的才智，激励他们高效工作	
PS22	创业者会尽力对创业伙伴以及利益相关者表现出诚挚的关心	
PS23	与创业伙伴和利益相关者沟通时，创业者会在言语和行为上表现得很真诚	
PS24	让利益相关者相信创业者是一个言行一致的人很重要	
PS25	创业者应该灵活运用各种方法，使利益相关者相信自己是个真诚可信的人	

维度 2：创业网络能力。创业过程中充满了艰难和险阻，创业者可能会遇到许多风险，也会因关键资源的短缺而陷入困境。这就要求创业者要

善于发展和利用各种创业关系网络。与利益相关者发展友谊，并建立强大、有益的合作和联盟。创业网络能力维度反映了创业者善于发展和利用各种利益相关者的人际网络，能够开发和使用各种利益相关者的网络来确保创业成功所必需的关键资源的获取与整合能力。

维度3：人际关系影响。在与利益相关者的交往互动过程中，需要创业者具有一种微妙而令人信服的个人风格，他们的这种风格会对利益相关者产生强大的影响。同时，创业者还要有能力适当地调整自己的行为，以灵活适应不同的创业情境。人际关系影响维度反映了创业者以微妙而令人信服的方式对利益相关者施加强大影响的能力，是为了引起利益相关者的特定反应而适当调整自己行为的能力。

维度4：权术运用。创业关系网络是一个动态发展的网络，其内部的网络关系会随创业环境的改变而发生变化。这就要求创业者能够及时、灵活地去应对任何有利或不利于自己的情境。权术运用维度反映了创业者在创业过程中运用权术，刻意表现出的表面真诚和利他行为，通过灵活运用各种方法和策略对利益相关者施加影响和控制，以影响和改变他们的行为，实现自己创业目标的能力。

三、量表的预测试与探索性因子分析

（一）样本

通过对测量题项的整理和归纳，形成初始测量量表，并将其编制成问卷，采用 Likert 5 点量表进行测量（1 = "非常不同意"，5 = "非常同意"）。选取北京、上海、杭州、广州、郑州等地区成立年限低于 8 年的中小型创业企业。通过联系当地创业园和创业孵化基地的负责人，获取该园区或该基地中创业企业名录。本次调研的企业主要集中于高技术服务、电子信息、生物制药、新能源与节能、教育咨询等行业。把提前设计好的电子问卷通过邮箱发送给符合条件的创业者，通过电子邮件直接与他们联系，目的是增加每家企业主要创始人填写问卷的机会。那些没有回复第一次参与请求的人，会进行第二次联系（第二次联系安排在原邮件发出大约两周后）。2020 年 10 月至 2021 年 3 月，一共发放问卷 300 份，收回 216 份，经过对信息不完整或重复填写的无效问卷进行剔除后，共获取 154 份有效问

卷，符合有效回收率。

（二）内容效度分析

内容效度指的是目标变量的内涵能够通过测量条目充分准确地表达出来。具体包括专家判断和逻辑分析两种内容效度分析方法。研究者往往是邀请专家团队来讨论分析问卷中的各个测量条目，以确定各个测量条目是否能准确反映目标构念，整理专家团队有争议的测量条目，并进行修订和完善。本章的专家团队成员由3名博士研究生和2名硕士研究生组成，经过专家团队成员对问卷测量内容进行充分分析和讨论，删除3项有重复意义的测量条目，最终形成了22条目的初始测量量表。

（三）信度检验

对初始量表的信度检验，主要是通过Cronbach's α系数和CITC系数来判断，Cronbach's α系数是用来判断总体量表的可靠性和稳定性；测量题项的信度用CITC系数进行判断。首先，利用SPSS 25.0软件分析得出，创业者社交影响力初始量表的Cronbach's α值为0.906，大于0.7的判定标准，说明创业者社交影响力初始量表的总体信度高，创业者社交影响力初始测量量表整体可以接受。其次，对每个测量题项的CITC值进行检验，每个题项的CITC值都大于0.5，说明各个测量题项的信度都是可以接受的。因此，根据Cronbach's α和CITC两种系数的信度检验结果，保留问卷的初始测量题项。

（四）项目分析

信度检验之后，笔者对初始量表进行项目分析。项目分析主要是研究样本数据是否可以有效地区分高低，进而对量表测量题项进行分析和评价（翁清雄等，2018）。首先，将创业者社交影响力各题项的分数加总求和，并按总分进行高低排序。其次，取前27%和后27%的得分作为高低组的临界点，将总分排名前27%的被试者分数划分为高分组，总分排名后27%的被试者分数划分为低分组。最后，对高低两组被试者在各题目的平均数差异值进行独立样本T检验，验证不同题项在高低两组是否具有显著性差异，保留存在显著性差异的题项（p<0.05），并删除未达到显著性的题项（p>0.05）。由表4-5的项目分析结果可以看出，初始量表中的22个题项都达到了显著水平，说明创业者社交影响力22个项目具有良好的区分效度。因此，保留 22 个测量题项。

表 4-5　创业者社交影响力问卷项目分析结果

题项	t 值	题项	t 值
PS1	-6.281***	PS12	-10.678***
PS2	-6.296***	PS13	-8.425***
PS3	-6.880***	PS15	-6.141***
PS4	-7.909***	PS16	-7.221***
PS5	-5.404***	PS17	-6.274***
PS6	-6.191***	PS18	-7.947***
PS7	-8.074***	PS20	-5.651***
PS8	-6.835***	PS21	-8.130***
PS9	-7.462***	PS23	-5.305***
PS10	-11.125***	PS24	-3.996***
PS11	-9.029***	PS25	-5.633***

注：＊表示 $p<0.05$；＊＊表示 $p<0.01$；＊＊＊表示 $p<0.001$。

（五）探索性因子分析

对创业者社交影响力的初始量表进行探索性因子分析，判断测量题项的内部效度。分析之前，对创业者社交影响力初始量表进行 KMO（$0.822>0.7$）和 Bartlett 球形检验（$\chi^2=736.949$，$p<0.001$），结果表明创业者社交影响力初始量表适合进行探索性因子分析（EFA）。同时，依据下面四个标准来选取合适的测量题项：①题项因子载荷>0.5；②交叉负荷<0.5；③每个因子的题项>2；④题项所加载的因子与其理论维度一致。只有同时满足以上 4 个条件，测量题项才能保留下来。本章运用主成分—正交极大旋转法，从创业者社交影响力量表的 22 个题项中抽取特征值大于 1 的因子，把因子负荷小于 0.5 且交叉负荷大于 0.5 的测量题项删去。最终抽取了 4 个因子，每个测量题项的因子负荷在 0.610～0.856，累计方差解释率为 64.769%（见表 4-6）。

表4-6 探索性因子分析结果（N=154）

题项	因子			
	F1	F2	F3	F4
PS1：创业者具有敏锐的洞察力，能够及时把握创业机会	0.825			
PS2：创业者时刻关注国家政策、行业前景及发展趋势	0.669			
PS3：创业者具有很强的市场预判能力	0.814			
PS8：为了实现创业成功，创业者需要通过多种渠道、多种方式与可以合作的利益相关者建立关系网络		0.681		
PS9：创业者擅长与政府、客户、供应商、金融机构等重要合作者建立良好的关系以获取信息和资源		0.817		
PS12：创业者与利益相关者建立了强大的关系网络，并擅长运用自己的关系网络实现创业资源的获取与整合		0.669		
PS13：创业者在创业中构建关系网来影响利益相关者的能力很强			0.640	
PS16：创业者能很轻松地与利益相关者建立密切的关系			0.762	
PS17：有时创业者像个演员，以不同的角色与利益相关者打交道			0.696	
PS18：创业者擅长让周边的创业伙伴和利益相关者喜欢自己			0.774	
PS20：创业者擅长站在利益相关者的立场上"换位思考"				0.686
PS23：与创业伙伴和利益相关者沟通时，创业者会在言语和行为上表现得很真诚				0.862
PS24：让利益相关者相信创业者是一个言行一致的人很重要				0.815
PS25：创业者应该灵活运用各种方法，使利益相关者相信自己是个真诚可信的人				0.734
因子方差贡献率	14.413	13.962	18.160	18.234
累计方差贡献率	50.807	64.769	36.393	18.234

其中，因子F1共包含3个测量题项，反映了创业者对创业环境的敏锐感知能力，即时刻关注外部环境的变化与发展，及时把握创业机会。因此，因子F1被命名为"环境敏锐"。因子F2共包含3个测量题项，反映创业者善于发展和利用利益相关者的关系网络，获取和整合关键创业资源的能力。因此，因子F2被命名为"创业网络能力"。因子F3共包含4个测量题项，

反映了创业者以微妙而令人信服的方式对利益相关者施加影响的能力，是为了引起利益相关者的特定反应而适当调整自己行为的能力。因此，因子F3被命名为"人际关系影响"。因子F4共包含4个测量题项，反映了创业者在创业过程中运用权术刻意表现出的表面真诚和利他行为，通过灵活运用各种方法和策略对利益相关者施加影响和控制，以影响和改变他们的行为，实现自己创业目标的能力。因此，因子F4被命名为"权术运用"。

对创业者社交影响力测量量表进行探索性因子分析，经多次旋转后，最终删除了8个题项，保留了14个题项。14个题项的因子负荷值均大于0.6，并且该测量量表的Cronbach's α系数为0.851，表明创业者社交影响力测量量表具有良好的信度和收敛效度。修订后的14条目创业者社交影响力测量量表如表4-7所示。

表4-7　修订后的14条目创业者社交影响力测量量表

编号	测量题项	类别
PS1	创业者具有敏锐的洞察力，能够及时把握创业机会	环境敏锐
PS2	创业者时刻关注国家政策、行业前景及发展趋势	
PS3	创业者具有很强的市场预判能力	
PS4	为了实现创业成功，创业者需要通过多种渠道、多种方式与可以合作的利益相关者建立关系网络	创业网络能力
PS5	创业者擅长与政府、客户、供应商、金融机构等重要合作者建立良好的关系以获取信息和资源	
PS6	创业者与利益相关者建立了强大的关系网络，并擅长运用自己的关系网络实现创业资源的获取与整合	
PS7	创业者在创业中构建关系网来影响利益相关者的能力很强	人际关系影响
PS8	创业者能很轻松地与利益相关者建立密切的关系	
PS9	有时创业者像个演员，以不同的角色与利益相关者打交道	
PS10	创业者擅长让周边的创业伙伴和利益相关者喜欢自己	
PS11	创业者擅长站在利益相关者的立场上"换位思考"	权术运用
PS12	与创业伙伴和利益相关者沟通时，创业者会在言语和行为上表现得很真诚	
PS13	让利益相关者相信创业者是一个言行一致的人很重要	
PS14	创业者应该灵活运用各种方法，使利益相关者相信自己是个真诚可信的人	

研究选取的154份创业者样本进行预测试，通过对创业者社交影响力初始量表的各测量题项进行内容效度分析、信度分析、项目分析及探索性因子分析，得出创业者社交影响力测量量表的预测试的实证检验结果和理论结果表现较为一致。由表4-7可知，创业者社交影响力是一个包含环境敏锐、创业网络能力、人际关系影响和权术运用的四维度概念。同时，通过实证检验分析的结果也与深度访谈的结果相符，进一步阐释了创业者社交影响力的内涵。创业者社交影响力主要体现在：创业者要具有敏锐的环境洞察力，能及时抓住创业机会；创业者的网络构建能力强，能充分利用创业关系网络；创业者人际交往能力强，在利益相关者中有影响力；创业者灵活应变能力强，擅长运用权术解决问题。

四、正式量表的验证与评价

（一）样本

为了验证预调研获得的初始测量题项，进一步评估创业者社交影响力的可靠性和有效性，本章采用不同的样本进行问卷调查，2021年1~3月对南京、杭州、郑州三地的创业者发放问卷，通过实地调查和线上调查两种方式进行问卷调查。此次调研共发放400份调查问卷，收回278份。对信息不完整或重复填写的无效问卷进行剔除之后，获取196份有效问卷，符合有效回收率。

本次调查问卷的创业者样本的年龄主要集中在36~45岁，占总样本的46.9%；男性占65.3%，女性占34.7%；51%的创业者的学历为本科。私营企业最多，占总样本的66.3%；其中，3年以下的创业企业占30.6%，3~5年的创业企业占14.3%，6~8年的创业企业占10.7%，8年以上的创业企业占44.4%；样本企业主要集中于教育培训、电子信息等行业，企业规模以20人以下为主，占50.5%。样本特征分布如表4-8所示。

表4-8 样本特征分布（N=196）

变量	样本特征	数量	比例（%）
性别	男	128	65.3
	女	68	34.7

续表

变量	样本特征	数量	比例（%）
年龄	25 岁以下	19	9.7
	26~35 岁	66	33.7
	36~45 岁	92	46.9
	45~60 岁	19	9.7
学历	大专及以下	51	26.0
	本科	100	51.0
	硕士	40	20.4
	博士	5	2.6
成立年限	3 年以下	60	30.6
	3~5 年	28	14.3
	6~8 年	21	10.7
	8 年以上	87	44.4
所属行业	生物医药	28	14.3
	先进制造	12	6.1
	信息技术	57	29.1
	教育培训	93	47.4
	其他	6	3.1
企业规模	20 人及以下	99	50.5
	21~50 人	35	17.9
	51~100 人	16	8.2
	101~300 人	7	3.6
	300 人以上	39	19.9
企业类型	国有企业	13	6.6
	外资企业	2	1.0
	合资企业	6	3.1
	私营企业	130	66.3
	其他企业	45	23.0

（二）验证性因子分析

为了验证创业者社交影响力的四维结构，本书利用 AMOS 23.0 对环境敏锐、创业网络能力、人际关系影响、权术运用进行验证性因子分析，以检验四个维度之间的区分效度。通过比较四因子模型与三因子、二因子及单因子模型得出，四因子模型的拟合度最好（见表4-9），与调研数据吻合度较高（$\chi^2/df = 2.116$，AGFI $= 0.858$，GFI $= 0.904$，IFI $= 0.924$，TLI $= 0.900$，CFI $= 0.922$，RMSEA $= 0.076$）。由表4-10的判断标准可以看出，各项指标都拟合良好，说明创业者社交影响力测量问卷具有较好的区分效度。因此，创业者社交影响力是一个四因子模型，包含环境敏锐、创业网络能力、人际关系影响、权术运用四个维度。

表4-9　验证性因子分析结果（N=196）

模型	χ^2	df	χ^2/df	AGFI	GFI	IFI	TLI	CFI	RMSEA
四因子 （F1+F2，F3，F4）	152.23	71	2.116	0.858	0.904	0.924	0.900	0.922	0.076
三因子 （F1+F2，F3，F4）	230.86	74	3.120	0.791	0.853	0.849	0.811	0.846	0.104
二因子 （F1+F2，F3+F4）	376.73	76	4.957	0.658	0.753	0.709	0.647	0.705	0.142
单因子 （F1+F2+F3+F4）	433.85	77	5.634	0.646	0.740	0.655	0.587	0.650	0.154

注：F1、F2、F3、F4分别代表环境敏锐、创业网络能力、人际关系影响和权术运用。

表4-10　结构模型拟合度

模型拟合指标	最优标准值	统计值	拟合情况
χ^2	—	152.226	—
df	—	71	—
χ^2/df	<3	2.116	好
GFI	>0.8	0.904	好
AGFI	>0.8	0.858	好
IFI	>0.9	0.924	好
TLI	>0.9	0.900	好
CFI	>0.9	0.922	好
RMSEA	<0.08	0.076	好

此外，本章采用 AMOS 23.0 对研究模型进行参数估计，得到创业者社交影响力的四因子模型的完全标准化路径。根据图 4-2 可以看出，四个维度上的 14 项测量条目的标准化因子载荷都高于 0.58，说明因子载荷的平方高于 0.5，即潜变量可以解释量表中 50% 以上的对应问题。同时其他标准化因子载荷也都高于 0.5，说明各潜变量对应的指标的解释能力较强。

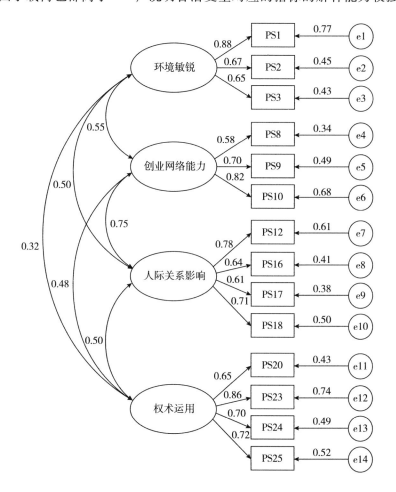

图 4-2　创业者社交影响力四因子结构的标准化路径图

（三）信效度分析

1. 信度分析

信度分析（Reliability Analysis）是对测试结果的一致性、稳定性和可靠性的分析与检验。变量信度的高低一般采用内部一致性来进行检验。内部一致性越高，表明检验结果的可信度就越高。学者们通常采用 Cronbach's α 系数来分析量表的信度，以判断测量量表的整体可靠性。Cronbach's α 系数越大，说明测量题项的相关性就越大，整体可靠性越高。通常把信度检验可接受的标准设定为 0.6。若 Cronbach's α 系数小于 0.6，表明该量表的信度偏低；若 Cronbach's α 系数大于 0.6，表明该量表的信度高。但 Henson（2001）认为，以开发测量工具为目的的量表，Cronbach's α 系数应该大于 0.7。

为了评估创业者社交影响力四个维度的可靠性，本章主要检验了测量量表的整体信度和各维度变量的信度。通过对数据进行统计分析得出，创业者社交影响力的 Cronbach's α 系数为 0.864 > 0.7。其中，环境敏锐的 Cronbach's α 系数为 0.766，创业网络能力的 Cronbach's α 系数为 0.740，人际关系影响的 Cronbach's α 系数为 0.782，权术运用的 Cronbach's α 系数为 0.807，说明创业者社交影响力测量量表的总体信度高，量表整体可接受（见表 4-11）。

表 4-11　量表的信度系数（N = 196）

	环境敏锐	创业网络能力	人际关系影响	权术运用	总量表
Cronbach's α	0.766	0.740	0.782	0.807	0.864
题项个数	3	3	4	4	14

2. 效度分析

参照 Fornell 和 Larcker（1981）的做法，笔者采用组合信度（CR）和平均变异量（AVE），对创业者社交影响力的构思效度、聚合效度与区分效度进行判定。由表 4-12 可以得出，四因子的组合信度在 0.768 到 0.858 之间，均大于 0.7 的标准，表明创业者社交影响力四维度结构的构思效度较为理想；AVE 值介于 0.526 ~ 0.626，均大于 0.5 的标准，表明环境敏锐、创业网络能力、人际关系影响、权术运用四个潜变量构念的解释变异量高于测量误差对其的解释变异量，表明创业者社交影响力测量量表的聚合效度也较为理想。此外，对角线上四因子之间的 AVE 值均高于四个潜变量之

间的相关系数。说明本章编制的创业者社交影响力量表的区分效度也较为
理想。

表 4-12 收敛效度与区分效度检验（N=196）

	环境敏锐	创业网络能力	人际关系影响	权术运用
环境敏锐	**0.774**			
创业网络能力	0.451	**0.725**		
人际关系影响	0.386	0.550	**0.745**	
权术运用	0.314	0.390	0.413	**0.791**
CR	0.815	0.768	0.811	0.858
AVE	0.599	0.526	0.555	0.626

五、创业者社交影响力的预测效应检验

效标关联效度主要是用来检验量表与外在效标的关联程度。Kimura
（2015）提出自我监控和外向性格是社交影响力的前因变量，积极影响着个
体的社交影响力。Fang 等（2015）和 Tocher 等（2012）提出，创业者社交
影响力与企业创业绩效呈正相关关系，Hochwarter 等（2007）和 Kimura
（2015）提出的社交影响力对个人声誉具有积极的正向影响。根据现有研
究成果，创业者社交影响力可能受到其自我监控和外向性等前因变量的影
响，并且能够影响企业绩效和个人声誉等结果变量。因此，本章选取自我
监控、外向性、个人声誉和创业绩效四个变量作为校标变量。

（一）研究假设

1. 外向性与社交影响力

外向性是指个人参加人际交往、互动的频率和强度，是对需求刺激并
获取愉悦的能力（韩金等，2021）。具有外向性人格特质的个体往往是充
满自信、热情、有活力的，擅于与他人沟通交流，他们乐于帮助合作伙伴，
包容接纳合作伙伴的失误与不足，对其他人一视同仁，往往很受合作伙伴
的喜爱。因此，具有外向性人格特质的个体很擅长与他人建立良好的关系

网络，营造良好的合作氛围，并在与合作伙伴的沟通交流中获得乐趣。

外向性是一种容易让人喜欢、使周围人获取愉悦的性格特质。具有外向性人格特质的创业者容易让利益相关者愉悦、信任并愿意主动接近他们。创业者的外向性人格特质与其社交影响力中的创业网络能力、人际关系影响及权术运用密切相关。高外向性特质的创业者更容易在与利益相关者沟通互动中得到合作伙伴的认可和信任，从而有利于构建更强大的关系网络，进而发挥自己较强的人际关系影响力和权术运用能力，来实现自己的创业目标。因此，笔者提出：

假设 H1：创业者的外向性特质正向影响其社交影响力。

2. 自我监控与社交影响力

Snyder 和 Gangestad（1986）提出，自我监控是用来解释个体的行为过程、人格特质或者某种特殊能力，是个人管理他人对自己感知的方式。自我监控能力是一种特殊的社会认知和人际交往能力，包括对自己行为的情境适合性的判断，以及对期望公开表现自我的调节。自我控制能力直接影响着个人与他人良好人际关系的建立和发展。自我监控能力强的人对情境线索具有敏锐的感知，这些线索决定了哪些行为是合适的，哪些行为是不合适的，他们会根据特定情境的要求调整自己的自我表现（Ferris et al.，2007）。

自我监控反映了解读情境并做出行为调整的能力（瞿皎姣等，2021），这在一定程度上与社交影响力的环境敏锐维度一致，因为这两种构念都能进行情境诊断和反应。自我监控力强的创业者更关注创业过程中利益相关者的行为，并以不同的面孔或不同甚至冲突的角色与利益相关者沟通互动（Ferris et al.，2005）。具有这种特质的创业者通常很擅于发现和理解他们所面临的特定环境和利益相关者的行为，并具有融入不同社会环境的能力。创业者的自我监控能力充分体现了其社交影响力中环境敏锐维度的主要内涵。创业者的自我监控能力正向影响其社交影响力，因此，笔者提出：

假设 H2：创业者的自我监控能力正向影响其社交影响力。

3. 创业者社交影响力与个人声誉

声誉被定义为一定时期内直接观察或间接来源报道的显著的个人特质、行为及成就的复杂组合（王鹏等，2019）。个人声誉指的是对个人特质的集体或共同看法，是他人的集体感知。因此，为了管理自己积极的个人声誉，创业者必须以有效的方式向组织成员和外部利益相关者展示自己积极的个人特质和高水平绩效。具有良好个人声誉的创业者可以拥有比其他人更高的地位，并被他人认为更合法、更能干和更值得信赖（Hochwarter et al.，2007）。因此，积极的个人声誉有助于创业者积累和增强对利益相关者的影响力，同时获得更多的自主权和决策自由。

学者们认为，社交影响力是创业者个人声誉的一个关键前提。高社交影响力的创业者通过他们有影响力的、符合情境的行为和真诚的态度来增强他人对其更大的信任和信心（McAllister et al.，2018）。这有利于创业者树立良好形象，并得到更高的声誉评价。创业者的环境敏锐和有效策略的运用可以发挥人际关系影响的能力，较强人际关系影响力有助于高社交影响力的创业者发展广泛的联系和网络（Grosser et al.，2018）。高社交影响力的创业者可能会积极寻求利益相关者的反馈。进行广泛反馈搜索的创业者更有可能发现他们的行为和期望之间的差异，这有助于他们弥补这些差距，提高声誉的有效性。同时环境敏锐度高的创业者知道为了建立和保持积极的形象，什么样的行为和形象是必要的。创业者运用适当的权术，为自己营造好的形象，获取利益相关者的好感，进而从他们反馈寻求活动中获取更多的信息，以提高其个人声誉。此外，高社交影响力的创业者通过他们的创业网络能力，构建强大的创业关系网络，有效地提高他们在创业关系网络中的良好声誉。因此，笔者提出：

假设 H3：创业者社交影响力正向影响其个人声誉。

4. 创业者社交影响力与创业绩效

社会影响理论指出，个体通过对特定社会情境中他人的理解和控制，实施对他人或群体的社会影响以实现自己的目标（唐乐等，2019）。根据社会影响理论的观点，创业者凭借自己的经验、知识和技能，对创业过程中的利益相关者实施影响，以便于自己在与利益相关者互动博弈中居于优势地位，进而推动创业活动的顺利开展（Smyth et al.，2017）。社交影响力是创业者成功地与利益相关者互动与合作、获取各种创业资源以确保创业目标实现的关键社会技能。Fang 等（2015）和程聪等（2014）指出，高社交影响力的创业者具有较强的人际关系影响力，这种较强的人际关系影响力可以帮助创业者对利益相关者施加影响，有助于创业者获取关键的创业资源，进而提高企业的创业绩效。

一是高社交影响力的创业者具有敏锐的环境感知力和良好的人际影响力（Lvina et al.，2018），能在复杂网络环境中识别出关键的利益相关者，并与其建立联系，以促进创业成功。二是在与利益相关者互动博弈过程中，拥有高水平社交影响力的创业者能成为高效的协调者（Grosser et al.，2018），与关键利益相关者进行有效沟通，在互动博弈中有效理解他们的想法，借助社交影响力，以他人容易接受的方式或策略对利益相关者实施影响。三是创业者社交影响力还表现在其对创业情境的灵活适应，以及对环境变化及时做出反应上（Ferris et al.，2007）。高社交影响力的创业者对所处环境具有敏锐的政治洞察力，能够根据自己所处的创业环境及时作出反应，并调整自己的行为方式和策略去适应环境的变化（Fang et al.，2015），以确保创业绩效的提升。总之，创业者通过社交影响力与关键利益相关者互动与合作，增强他们对企业创业活动的参与度，进而提高企业创业绩效。因此，笔者提出：

假设 H4：创业者社交影响力正向影响创业绩效。

（二）方法与测量

1. 研究样本

为了验证以上四个研究假设，笔者又发放了第三次问卷收集样本数据。本次样本数据主要选取北京、上海、郑州等地，通过电子邮箱，把设计好的电子问卷发送给符合条件的创业者，并通过电子邮件与选取的创业者跟进联系，以确保其收到问卷并给予回复。此轮调研一共发放调查问卷 500份，共收回 296 份，通过对信息不完整或重复填写的无效问卷进行剔除后，获取 206 份有效问卷，有效回收率为 41.2%。样本中 36~45 岁的创业者最多，占总样本的 47.6%；男性占 66.0%，女性占 34.0%；51.0% 的创业者的学历为本科。私营企业最多，占总样本的 67.0%；3 年以下的企业占29.1%，3~5 年的企业占 15.0%，6~8 年的企业占 11.2%，8 年以上的企业占 44.7%；样本企业主要集中于信息服务、教育培训、生物制药等行业，企业规模大多为 20 人以下（见表 4-13）。

表 4-13 样本特征分布（N = 206）

变量	样本特征	数量	比例（%）
性别	男	136	66.0
	女	70	34.0
年龄	25 岁以下	19	9.2
	26~35 岁	69	33.5
	36~45 岁	98	47.6
	45~60 岁	20	9.7
学历	大专及以下	54	26.2
	本科	105	51.0
	硕士	42	20.4
	博士	5	2.4
成立年限	3 年以下	60	29.1
	3~5 年	31	15.0
	6~8 年	23	11.2
	8 年以上	92	44.7
所属行业	生物制药	29	14.1
	先进制造	12	5.8
	信息服务	100	48.5
	教育培训	59	28.6
	其他	6	2.9
企业规模	20 人及以下	104	50.5
	21~50 人	37	18.0
	51~100 人	16	7.8
	101~300 人	7	3.4
	300 人以上	42	20.4
企业类型	国有企业	14	6.8
	外资企业	2	1.0
	合资企业	6	2.9
	私营企业	138	67.0
	其他企业	46	22.3

2. 变量测量

本章选取外向性、自我监控、个人声誉和创业绩效四个变量对创业者社交影响力进行校标检验，使用 Likert 5 点量表对这四个变量进行测量。

创业者社交影响力。采用笔者自主开发的创业者社交影响力量表来测量创业者社交影响力，共包括 14 题项，4 个维度。①环境敏锐，包括 3 个题项，如"创业者具有敏锐的洞察力，善于把握创业机会"；②创业网络能力，包括 3 个题项，如"为了实现创业成功，创业者需要通过多种渠道、多种方式与可以合作的利益相关者建立关系网络"；③人际关系影响，包括 4 个题项，如"有时创业者像个演员，以不同的角色与利益相关者打交道"；④权术运用，包括 4 个题项，如"创业者善于站在利益相关者的立场上'换位思考'"。社交影响力的 Cronbach's α 系数值为 0.865，四个维度环境敏锐、创业网络能力、人际关系影响和权术运用的 Cronbach's α 系数值分别为 0.767、0.737、0.784、0.804。

外向性。外向性测量量表采用 Costa 和 McCrae（1992）的大五人格量表中的外向性格子量表，包括 12 个题项。题项如，"我喜欢有许多人和我在一起""我喜欢自己独自完成而不会被人打扰的工作（反向题目）""我觉得自己是一个精力旺盛，活力十足的人"等。外向性的 Cronbach's α 系数值为 0.816。

自我监控。使用 Snyder 和 Gangestad（1986）编制的自我监控测量量表，共包括 18 个测量题项。题项如，"我会为了让他人高兴或给他人以深刻印象而做一些行为""面对不同的人或场合，我会有不同的表现""我不会为了迎合他人而改变自己的观点或行为（反向题目）"。自我监控的 Cronbach's α 系数为 0.908。

个人声誉。个人声誉的测量主要借鉴 Hochwarter 等（2007）的研究成果，并参照王鹏等（2019）编制的量表，该量表共有 10 个题项，Cronbach's α 系数为 0.914。题项如，"人们在工作中把我当作获取信息的资源""别人对我评价很高""我在工作中受到同事们的尊敬""人们期望我始终如一地展现出最高的绩效"。个人声誉的 Cronbach's α 系数值为 0.848。

创业绩效。该量表主要借鉴 Li 和 Atuahene-Gima（2001）编制的创业绩效量表，由财务绩效、成长绩效和创新绩效三个维度构成。共有 10 个测量题项，如，"与竞争对手相比，我们公司的投资回报率增长较快""与竞争对手相比，我们公司市场份额增长速度快""与竞争对手相比，我们公司的新产品数量较多"。创业绩效的 Cronbach's α 系数为 0.933。

控制变量。选取创业者个体特征和企业特征两个层面的数据进行控制。创业者个体层面选取性别、年龄、学历三个变量，企业层面选取企业成立年限、行业、在职员工数量和企业类型四个变量。

（三）验证因子分析

为了验证创业者社交影响力、外向性、自我监控、个人声誉及创业绩效五个变量之间的区分效度，利用 AMOS 23.0 对创业者社交影响力和外向性、自我监控、个人声誉及创业绩效四个效标变量进行验证因子分析。根据吴艳和温忠麟（2011）、吕逸婧等（2018）的建议，对各变量进行打包处理。将创业者社交影响力 14 个题项按照环境敏锐、创业网络能力、人际关系影响和权术运用 4 个维度合并成 4 个指标；创业绩效 10 个题项按照财务绩效、成长绩效和创新绩效 3 个维度合并成 3 个指标。对于外向性、自我监控和个人声誉这三个单维度构念，则采用吴艳和温忠麟（2011）提出的对半随机打包策略进行打包。由验证性因子分析结果可以看出，测量模型的各项指标都拟合良好（$\chi^2/df = 2.524$，AGFI = 0.836，GFI = 0.895，IFI = 0.942，TLI = 0.919，CFI = 0.941，RMSEA = 0.076，RMR = 0.019）。表明每个研究变量之间的区别效度都较为理想。

（四）描述性统计与相关分析

表 4-14 列出了研究变量的均值、标准差以及变量之间的相关系数。由表 4-14 可知，创业者社交影响力与外向性（r = 0.607，p<0.01）、自我监控（r = 0.521，p<0.01）、个人声誉（r = 0.678，p<0.01）和创业绩效（r = 0.455，p<0.01）具有积极的正向影响作用。此外，创业者的性别（r = -0.190，p<0.01）对其社交影响力具有负向影响作用，说明男性创业者表现出来的社交影响力比女性创业者的更强；创业者的年龄（r = 0.197，p<0.01）对创业者社交影响力具有积极的正向影响，这表明创业者年龄不同，其社交影响力也不同，年龄越大，其社交影响力相对越高。

表 4-14 各主要变量的均值、方差和相关关系 （N=206）

变量	均值	标准差	1	2	3	4	5	6	7	8	9	10	11	12
1. 性别	1.34	0.475	1.000											
2. 年龄	2.58	0.791	0.085	1.000										
3. 学历	1.99	0.752	0.173*	0.050	1.000									
4. 企业成立年限	2.71	1.299	-0.008	0.295**	0.002	1.000								
5. 所属行业	4.14	1.052	0.050	0.125	-0.140*	-0.060	1.000							
6. 在职员工数量	2.25	1.582	0.093	0.058	0.264**	0.577**	-0.276**	1.000						
7. 企业类型	3.97	0.952	0.033	0.068	-0.096	-0.196**	0.179**	-0.342**	1.000					
8. 社交影响力	3.87	0.444	-0.190**	0.197**	-0.062	-0.019	-0.001	0.040	-0.024	1.000				
9. 外向性	3.53	0.486	-0.088	0.060	-0.129	-0.017	0.003	0.063	0.049	0.607**	1.000			
10. 自我监控	3.14	0.639	-0.163*	-0.110	-0.055	-0.125	-0.079	0.016	-0.013	0.521**	0.596**	1.000		
11. 个人声誉	3.70	0.464	-0.184**	0.164**	-0.062	-0.062	-0.088	-0.011	0.052	0.678**	0.592**	0.481**	1.000	
12. 创业绩效	3.44	0.622	-0.040	0.011	-0.051	-0.018	-0.105	0.180**	-0.118	0.455**	0.410**	0.431**	0.461**	1.000

注：* 表示 $p<0.05$；** 表示 $p<0.01$；*** 表示 $p<0.001$。

（五）多重共线性检验

多重共线性指的是线性回归模型中的研究变量之间存在着高度相关性，进而使线性回归模型估计不准确或失真。最常见的方法是，采用方差膨胀因子 VIF 对线性回归模型中的多重共线性问题进行检验。当 VIF 值大于 10时，说明线性回归模型中的研究变量之间存在严重的多重共线性；反之，当 VIF 值小于 10 时，说明线性回归模型中的各解释变量之间不存在严重的多重共线性。

首先，通过对各研究变量进行相关性分析得出，研究中变量间的相关系数最大值为 0.678（见表 4-14）。根据邱皓政（2006）对变量间相关系数的划分，$0.40 \leqslant |r| < 0.69$ 为中度相关。初步说明本研究线性回归模型中的各个解释变量之间不存在多重共线性关系。其次，使用 SPSS 25.0 对各解释变量进行共线性诊断得出，方差膨胀因子（VIF）最大值为 2.029，VIF 值小于 10，说明线性回归模型中的研究变量之间并不存在严重的多重共线性。

（六）创业者社交影响力的预测效应检验

笔者使用 AMOS 23.0 建立应用结构方程模型，来检验创业者社交影响力的预测效度。将外向性和自我监控作为创业者社交影响力的前因变量、个人声誉和创业绩效作为创业者社交影响力的结果变量放入模型中。由表4-15 可以看出，外向性（$r = 0.804$，$p < 0.001$）和自我监控（$r = 0.360$，$p < 0.001$）正向影响创业者社交影响力。由此，假设 H1 和假设 H2 得到了验证；创业者社交影响力正向影响其个人声誉（$r = 0.622$，$p < 0.001$）和创业绩效（$r = 0.642$，$p < 0.001$）。由此，支持了假设 H3 和假设 H4。这说明本章中的创业者社交影响力的预测效度良好。

表 4-15 创业者社交影响力与效标变量之间关系的路径系数（N=206）

效标变量	路径系数	标准误	R^2
外向性	0.804	0.168	0.558***
自我监控	0.360	0.069	0.353***
个人声誉	0.622	0.126	0.607***
创业绩效	0.642	0.115	0.254***

注：* 表示 $p < 0.05$；** 表示 $p < 0.01$；*** 表示 $p < 0.001$。

第四节 主要结论

首先，本章通过 3 份独立的样本数据开发了创业者社交影响力的测量量表。采用访谈法与问卷调查法，来探讨并验证创业者社交影响力的结构维度，通过实证检验结果得出，创业者社交影响力包括环境敏锐、创业网络能力、人际关系影响和权术运用四个维度结构，编制和开发了具有良好信效度的创业者社交影响力测量量表。基于创业者社交影响力的四因子结构，笔者认为，创业者社交影响力是指在特定的创业环境中，创业者通过敏锐的政治洞察能力，与各利益相关者交往互动，构建利于其创业的关系网络，并运用自身的人际影响力和权术运用能力去影响和控制利益相关者的行为，以实现自己目标的能力，具体包括环境敏锐、创业网络能力、人际关系影响和权术运用四种成分。

其次，通过外向性、自我监控、个人声誉和创业绩效四个效标变量对创业者社交影响力的预测效应进行了理论分析和假设检验。通过实证检验得出，外向性和自我监控对创业者社交影响力具有积极的正向影响作用，这说明外向性和自我监控作为创业者社交影响力的前因变量，积极地影响着创业者社交影响力。同时，创业者社交影响力与其个人声誉和创业绩效呈正相关，这说明创业者社交影响力积极地影响着其自身的个人声誉和创业绩效。此外，通过对样本进行验证发现，不同性别和不同年龄的创业者，表现出来的社交影响力是存在差异的。Williams 等（2017）提出，创业者的社交影响力可以通过实践来训练和提高自身的社交影响力，这就意味着创业者的社交影响力可能会随着环境的改变而发生变化。并且在笔者与 16 位创业者深度访谈时，他们都提到了环境的重要性，认为在不同的创业环境中，创业者对不同层面的社交影响力的利用程度不同。例如，为了获取关键创业资源，创业者与外部利益相关者互动博弈时，需要更多的创业网络能力和人际影响能力。然而，样本数据并未得出创业者所处的行业是否会影响其社交影响力，创业者的社交影响力是否会随着环境的改变发生变化，这都需要在后面的章节或后续的研究中进一步探索和验证。

最后，本章得出的结果表明创业者社交影响力的结构维度有别于国内外关于员工社交影响力的量表结构，第一，本章开发的创业者社交影响力量表在内容上包含了国内外员工社交影响力量表的内容。第 2 个维度创业网络能力反映了创业者善于发展和利用利益相关者的人际关系网络，能够开发和使用利益相关者的关系网络来获取创业成功所必需的关键资源的能力。第 3 个维度人际关系影响反映了创业者能以微妙而令人信服的方式对利益相关者施加影响的能力，是为了引起利益相关者的特定反应而适当调整自己行为的能力。这两个维度在国内外员工社交影响力量表中都有所体现，但是运用的情境和对象不同，创业者的创业网络能力和人际关系影响主要体现在创业过程中与利益相关者互动博弈的能力，远比普通企业员工的行为能力复杂。第二，本章发现创业者社交影响力测量量表的独特性。第 1 个维度环境敏锐反映了创业者对创业环境的敏锐感知，能够时刻关注外部环境的变化与发展，及时把握创业机会。这是创业者独有的能力，与员工社交影响力量表不同。第 4 个维度权力运用能力反映了创业者在创业过程中运用权术，刻意表现出的表面真诚和利他行为，灵活运用各种方法或策略对利益相关者实施影响和控制，进而影响或改变他们的行为，实现自己创业目标的能力。权力运用能力是中国文化背景下独有的构念维度。中国背景下的创业者社交影响力结构不同于西方背景下的社交影响力量表结构。这些研究结果都反映了创业者社交影响力的独特性，同时也说明了研究基于中国文化情境下创业者社交影响力的必要性。

第五章

科技创业者社交影响力
对员工创新行为的影响机制

　　本书的第四章探讨了中国文化背景下创业者社交影响力的维度结构和量表开发。在此基础上，本章将创业者社交影响力引入到科技创业领域，来探索科技创业者这一特殊异质类人力资本的社交影响力在其创新创业过程的影响效应。科技创业者社交影响力是指在科技创新创业过程中，科技创业者为了实现自己的创新创业目标，通过与企业内外部利益相关者的交往互动，对内外部利益相关者产生影响和控制的能力。员工是企业成长与发展的基石，是企业最关键的内部利益相关者。科技创业企业中的员工大多为高学历、高层次的科研工作者，这类科研工作者是科技创业企业创新发展的主力军。他们的创新行为决定着科技创业企业的创新发展程度与水平。因此，科技创业者如何通过自己的社交影响力去影响这类科研型员工的创新行为，对创新创业研究具有重要的理论和实践意义。科技创业企业与普通创业企业不同，科技创业企业大多是基于科技创业者及团队的科研成果进行研发并促使科研成果商业化的组织，如导师带领自己的学生形成的研发创业团队、技术背景相同或相近的科研工作者构成技术创业团队等（Hahn et al.，2019）。因此，大多科技创业企业规模不大，科技创业者既是科研团队领导，又是技术或研发团队的核心成员，对员工创新行为具有积极的影响作用（Cortes and Herrmann，2021）。本章是从个体层面探究科技创业者社交影响力对员工创新行为的影响机制。本章认为科技创业者社交影响力是通过和谐型创新激情和创新自我效能感来激发员工创新行为的。基于此，本章在第四章开发的创业者社交影响力测量量表的基础上，以科技创业者这一特殊创业群体为研究对象，实证检验科技创业者社交影响力与员工创新行为关系之间的中介路径和作用边界条件。

第一节　研究目的

随着我国产学研深度融合的技术创新体系的不断完善，高等院校、科研院所等从事科学研究的机构开始把自己的科研成果推向市场，进行科技创业活动。在国家创新驱动战略和"大众创业、万众创新"政策支持下，科技创业作为科技成果转化的一种形式，成为新时代背景下重要的社会现象（李晋等，2018）。科技创业是高新科技人员、科学研发人员、专业技术人员等以自己的科研成果或科学技术进行创业的商业化活动（Jain et al.，2009），科技创业活动有力地推进了科研成果转化为经济效益和社会效益，引起了学术界的广泛关注。

科技创业者与普通创业者不同，普通创业者更多关注的是利润回报与公司管理，更注重顾客的需求与产品或服务的商业前景。科技创业者在关注普通创业者关注的这些外，还会更多关注科研成果的研究与应用，以及科学知识的运用和科学技术的发明创造，创业者创业主体的差异性可能会产生不同的创业行为（李怡欣等，2021）。研究表明，科技创业过程与其个人特征密切相关。Perkmann 等（2013）认为，科研人员在商业化过程中的参与往往是个人驱动的，科技创业者的个人特质对科技创业过程具有重要影响。王季等（2020）认为，科研人员的个人特质积极影响着他们的创业活动，科研人员掌握的经验知识有助于他们更好地识别和抓住创业机会。Zhao 等（2020）也指出，科技创业者的个人特质对创业活动的影响作用比组织因素更重要，创业者的资历、地位及年龄都对创业活动有着重要的影响作用。

科技创业者参与商业化活动并成功创建新企业需要具备三种关键的创业能力：创业机会的识别与开发能力、支持创业活动的商业管理专业能力，以及获取、整合和组织商业开发机会所需资源的能力（Rasmussen et al.，2014）。创业机会的识别和开发能力是创建新企业的先决条件，这就要求科技创业者要对所处的社会环境具有敏锐的感知能力，能够及时挖掘出创业机会。支持创业活动的商业管理专业能力包含普通学者所不具备的商业管理能力和普通创业者不具备的专业能力，这两种能力的结合可以增强科技创业者对创业团队成员及其合作者的影响作用。获取、整合和组织商业开发机会所需资源的能力需要科技创业者具有较强的创业网络能力，能够从网络关系中获取所需的创业资源（Zhang et al.，2022）。Balven 等（2018）也提出，科技创业者要成为一个有效的领导者，可能必须与他人建立联系或结成联盟。由于科技创业者具有很强的专业能力，他们往往比普通创业者更能指导、帮助、带动团队成员进行创新创业，同时他们具有丰富的商业知识和经验，科技创业者往往比普通学者更善于发现商业机会和潜在市场，并获取、整合和组织商业开发机会所需的各种资源，进行创业活动（Rasmussen et al.，2014）。

通过上述分析可以发现，无论是科技创业者需要具有的三种关键创业能力，还是创业所需的社会关系网络能力，都是科技创业者与利益相关者互动博弈的一种社会能力，都可以归结为科技创业者的个人特质。科技创业者的这些个人特质通过其在创业活动中展示出的社交影响力体现出来。科技创业者既拥有较高的科技知识水平，又具有创业能力（张学艳等，2020a）。在科技创业活动中，他们以强大的创新创造力和自我驱动力影响着科技创新的进步与发展。科技创业企业创新源于员工个体创新，员工个体创新是科技创业企业创新的根本与基础。科技创业者作为企业的最高领导者，积极影响着员工创新行为（唐乐等，2015）。社会影响理论认为，个体实施社会影响和取得成功的关键在于其对社会环境中与他人交往互动的理解和控制能力（Zhang et al.，2022）。根据社会影响理论的观点，科技创业者拥有的经验、知识和技能，可能会影响其人际互动的程度和方式，使他们在与利益相关者互动博弈中占据优势地位，并最终实现自己的目标（Smyth et al.，2017）。社交影响力是个体用来观察社会环境、解释周围人的行为以及提出影响他人策略的能力（Ferris et al.，2005），熟练掌握社交影响力可以给个体带来积极的好处或结果。科技创业者可以借助自己的社交影响力，去影响员工参与创新的激情和效能感，进而激发员工的创新行为。那么，科技创业者是如何通过自身的社交影响力对员工创新行为产生影响作用，员工个体的创新激情和效能感在这一影响关系中又起到怎样的作用，这些成为创新创业领域研究的焦点问题。

科技创业企业的员工大多是具有高学历、高层次的科技人才，这类高科技人才同样也具有较高的创新创造能力（张学艳等，2020a）。因此，科技创业者社交影响力对科研型员工创新行为的影响可能是通过激发他们的内在驱动力实现的（熊立等，2019），科技创业者通过其社交影响力，调动员工"能做"和"想做"两种内在动机，进而激发员工创新行为。"想做"动机可能源于科技人员的和谐型创新激情，反映了其进行创新行为的积极意愿；"能做"动机可能源于科技人员的创新自我效能感，反映了其对实现个体创新的信心。由于创新活动固有的风险性和不确定性，参与并开展创新活动的员工必须具有"想做"的愿望，并相信自己有能力实现创新的"能做"效能感，才有可能付诸行动（Tierney and Farmer，2002）。因此，本章提出员工的两种内在驱动力：和谐型创新激情与创新自我效能感，从理论上完善科技创业者社交影响力对员工创新行为的影响路径。即科技创业者借助自己的社交影响力，激发出员工的和谐型创新激情和创新自我效能感，进而促进员工的创新行为。

此外，尽管科技创业者社交影响力有助于激发员工的和谐型创新激情和创新自我效能感，进而促进员工个体的创新行为。但在科技创业者与员工的领导—成员交换关系不同时，员工和谐型创新激情和创新自我效能感受到科技创业者社交影响力的影响作用就不同，并对其创新行为产生不同的影响作用（Hochwarter et al.，2007）。因此，员工和谐型创新激情、创新自我效能感及创新行为受到科技创业者社交影响力影响的同时，也可能与领导—成员交换关系相关。本章将探讨领导—成员交换关系在科技创业者社交影响力与员工和谐型创新激情、创新自我效能感及创新行为关系的影响作用，本章预测领导—成员交换关系在科技创业者社交影响力与员工和谐型创新激情和创新自我效能感关系中起到积极的正向调节作用。本章拟研究的模型如图5-1所示。

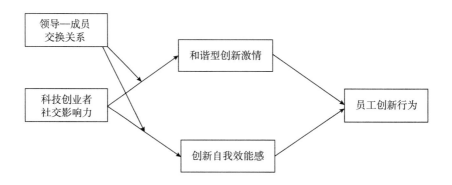

图5-1　科技创业者社交影响力对员工创新行为的影响机制模型

第二节　假设提出

一、科技创业者社交影响力与和谐型创新激情

自我决定理论认为，个体对其行为具有内在的积极主动性，这种内在积极主动性是个体心理成长和发展的内在潜能。个体在自己的需求和外在环境两方面的影响下，会自我决定做出有利于自己的心智、兴趣及能力发展的行为。根据自我决定理论的观点，人们的基本社会需求主要有三种：自主需求、胜任需求及关系需求。个体在满足其基本社会需求后会产生自我激励，当实现其需求目标时，个体会获得幸福感。和谐型激情来自于个体的自主动机，是指一个人可以控制的积极效果，产生积极参与活动或行为的动机（Vallerand et al.，2003）。和谐地对工作充满热情，并自愿将其内化，不是因为任何外界压力或力量，而是因为有趣的工作本身。工作情境中的和谐型激情与个体的工作自愿或自主内化密切相关，这表明个体和谐型激情主要源于工作本身的特征（如这项工作具有挑战性）。对自己的工作充满和谐型激情的个人这样做是因为他们愿意这样做，而不是因为任何压力或结果（如社会认可的感觉）。因此，他们认为这份工作对他们来说很重要，也很有意义，但又不会过于强烈，以至于与他们生活的其他方面发生冲突，因此这些人可以控制何时从事或不从事这份工作（Vallerand et al.，2003）。将和谐型激情延伸到创新领域，以创新为导向的和谐型激情可以被视为一种积极的情感反应，促使个人希望从事和参与创新活动的积极情感表现（Dalpé et al.，2019）。当个人自主地内化信仰和价值观，并自愿地接受创新活动，而没有任何与之相关的偶然性时，和谐型创新激情就产生了。

科技创业者既具有很强的创造性和自我驱动力，又具有高水平的企业管理能力，在科技创业过程中起着关键的影响作用。科技创业者作为企业最高领导者，他们所具有的个人特质可能影响着员工的和谐型创新激情。他们对下属的自我界定和行为有着深远的影响，并且在塑造创新工作成为员工身份认同的一部分的程度方面具有重要作用。几项研究也呼吁将创业者作为影响员工激情的重要情境因素来关注。在 Houlfort 及其同事的一项未发表的研究中，提到领导者的个人特质和领导风格对员工创新行为具有积极影响。Hao 等（2018）认为，领导者自身的特质和行为风格对员工和谐型创新激情具有正向影响效应。同样，Ho 和 Astakhova（2020）借鉴信号理论，验证了魅力型领导与员工和谐型激情之间的正向相关关系。蒋昀洁等（2017）提出，员工感知到的真我型领导风格与员工和谐型激情呈正相关关系。在工作情境中，科技创业者的领导行为往往被员工所感知和关注，科技创业者的个人特质对员工工作激情的产生具有潜移默化的影响。拥有社交影响力的科技创业者具有很强的理解和控制能力，并能将这种影响力或控制力施加给其他人（Ferris et al.，2005），以自身具有的创新创造力和自我驱动力来激发员工创新的内在驱动力，引导员工开展创新活动，并积极自发地收集创新知识、开发资源进行创新。

首先，科技创业者具有较强的环境敏锐力，能够洞察到国际国内技术创新的发展趋势，把掌握的政府创新政策、行业发展趋势及市场对创新发展的需求等信息传达给员工，激发员工创新想法的产生，科技创业团队中的创业者及科研工作者往往都是熟知自己研究领域的专家，掌握着行业领域创新发展的前沿，他们对创新具有很强的感知力（Dufour et al.，2020）。高社交影响力的科技创业者通过自身的标杆示范作用，激发员工创新的内在驱动力，调动其参与创新行为的强烈愿望，促使员工追随科技创业者一起参与创新活动。当行为完全融入个人认同体系时，个体就会毫无任何目的性，完全自愿主动地做出某种行为。此时，和谐型创新激情就产生了（蒋昀洁等，2018）。

其次，高社交影响力的科技创业者利用自己强大的创业网络能力和优秀的人际关系影响力，为员工构建起创业团队组织外部和内部创新合作网络。通过外部创新合作网络，员工可以了解到更多的专业知识和行业发展趋势，拓宽自己的视野，找准创新方向（Zhang et al.，2019）。科技创业者通过自己的社交影响力，与外部合作网络中的利益相关者进行互动博弈，为员工争取更多的关键资源（Zhang et al.，2022），支持员工的创新活动。科技创业者通过社交影响力与团队成员进行人际互动，构建团队内部创新合作网络，为团队成员之间的相互交流营造出良好的氛围，在内部创新合作网络中实现知识、信息和资源的共享（Ter Wal et al.，2020）。高社交影响力的科技创业者通过自己的创业网络能力和人际关系影响力为员工提供充足的资源支持与和谐的创新环境，这些都能激发员工的和谐型创新激情。

最后，高社交影响力的科技创业者善于运用权术，通过站在员工的立场换位思考，总结自己的经验教训，以供员工参考和学习，并对员工创新过程中出现的问题进行纠正解决，以真诚的态度去帮助和指导员工进行创新，鼓励和支持员工提出创新想法，对在创新创造方面作出贡献的员工给予奖励和表彰，让员工看到其对创新行为的重视程度。同时，运用自己强大的影响力去协调各成员之间的关系，为员工营造出积极向上、勇于创新、敢于面对失败的宽松环境，进而激发员工的和谐型创新激情。因此，本章提出如下假设：

假设 H5：科技创业者社交影响力正向影响员工和谐型创新激情。

二、科技创业者社交影响力与创新自我效能感

社会认知理论解释了人们的某些行为是如何发生和维持的（Bandura，1977），该理论认为，影响人们行为发生的激励因素可能源于自身的自我效能感。自我效能感是指个体对自己能够完成任务的认知方式。这些认知决定了个人在选择不同活动时克服困难的努力程度（Lee Cunningham et al.，2021）。Bandura（1977）认为，自我效能感与个体对其成功完成各种任务

的能力判断有关，反映了个体对执行特定行为的信心、对成功完成该任务的期望、对自己的能力或自我导向的信念。自我效能预期已经被证明会影响一个人是否会尝试某种行为，会在行为中付出多少努力，以及特定行为会持续多久（Lee Cunningham et al.，2021）。因此，更强的自我效能感与拥有可用（内部和外部）资源来执行困难任务的积极态度相关。自我效能感不一定反映客观现实或一个人拥有的实际可用资源和技能，而是对自己能完成什么的信念。社会认知理论基于新的研究视角，对个体行为的发生机制进行了解释。根据社会认知理论的观点，个体行为产生的激励因素可能源于其内在的一种核心信念，该信念也就是个体通过其行为产生影响的力量。因此，自我效能感是行为的重要基础（Bandura，1977）。

根据自我效能感的内涵（Bandura，1977），结合个体创新行为的构建机制，Tierney 和 Farmer（2002）界定了创新自我效能感的内涵，认为创新自我效能感是个体对完成创新任务的自我信念。创新自我效能感是一种特殊的效能形式，区别于普通自我效能。创新自我效能感的关注点在于创新，强调个体对完成创新任务的自信和信念，体现了创新和自我效能感的融合（Tierney and Farmer，2002），它反映了个人产生创造价值的新想法的感知能力。创新自我效能感可以形成自我激励并赋能信念，进而激发员工创新行为，这些信念影响着他们的思想、期望和行为，从而产生新的想法（Haase et al.，2018；Tierney and Farmer，2002）。关于员工创新自我效能感提升的组织方面影响因素研究中，领导的个人特质及风格对下属员工创新自我效能感的显著影响已被先前的文献所证实（Bande et al.，2016）。有学者提出，创业者作为企业的最高领导者，他们的个人特质对员工创新自我效能感具有显著影响。Cai 等（2019）和 Newman 等（2018）根据社会认知理论的观点（Bandura，1977），探讨了创业者个人特质对员工创新自我效能感的正向影响效应。社交影响力作为科技创业者在创业过程中表现出的最主要的个人特质，可以有效激发员工的创新自我效能感。自我效能感的基础包括观察学习、成功经验、语言说服和心理状态四个方面。科技创业者可以通过其拥有的社交影响力，为员工的创新行为提供可借鉴的成功经验，以供其观察与学习；高社交影响力科技创业者真诚地与员工进行沟通互动，通过强大的影响力对员工进行语言说服，调整其心理状态，进而形成积极主动的创新自我效能感。

首先，高社交影响力的科技创业者具有较强的环境敏锐力，他既能敏锐地洞察到国家、行业、市场的创新发展方向，又能感知到科研工作者对参与创新活动的心理需求和资源需求（Grimpe et al.，2019）。科技创业者本身就具有较高的创新创造性，从事着高风险、高难度的创新活动，同时通过自己的社交影响力，对员工进行言传身教，树立标杆示范作用（Dufour et al.，2020），进而激发员工"能做"的创新自我效能感。高社交影响力的科技创业者会根据市场发展动态，结合自己的经验与教训，为员工指明方向，以供员工学习、总结经验。

其次，高社交影响力的科技创业者具有较强的创业网络能力和人际关系影响力，他们可以与政府、客户、金融机构等利益相关者形成紧密的创业关系网络，从创业合作网络中获取创新所需要的关键知识、信息及资源，为员工的创新行为提供支持（唐乐等，2015；Zhang et al.，2019）。同样地，他们既可以与外部利益相关者进行积极的互动博弈，也可以与组织内部员工进行有效的沟通交流，同时又掌握内外部利益相关者的需求，实现内外部利益相关者需求的无缝对接，促使员工更好地开展创新活动。高社交影响力的科技创业者拥有优秀的人际关系影响力和广泛的社会关系网络，可以为员工提供更高级别的组织资源和支持（Fang et al.，2015），这也能激发出员工更高的创新自我效能感。

最后，高社交影响力的科技创业者善于运用权术，科技创业者会灵活利用各种方法，让员工相信其是个真诚可信的人，擅长站在员工的立场换位思考，让员工真正感受到他们的真诚与信心，及时调整员工消极的心理状态，通过语言说服和行动展示，进而提高员工的自信心（唐乐等，2015）。科技创业者社交影响力越高，其创新行为越多，就越倾向于支持和鼓励其团队成员进行创新活动，这不仅能够降低创新过程中与员工的沟通成本，英雄所见略同的感知也会使员工甘愿冒风险，由内而发地去挑战创新任务，并增强了其自我满足感，使员工在从事创新行为时更加从容和自信。因此，本章提出如下假设：

假设 H6：科技创业者社交影响力正向影响员工创新自我效能感。

三、科技创业者社交影响力与员工创新行为

Scott 和 Bruce（1994）认为，员工创新行为包括想法产生、想法推广和想法实现三个阶段。在第一阶段，个人认识到问题，并确定新的想法和解决方案。在第二阶段，员工寻求赞助并建立联盟来支持新想法（Kier and McMullen，2018）。在第三阶段，当员工获得足够的支持来产生一个可以扩散和制度化的模式时，他们就完成了这个过程。了解员工创新行为的前因后果对于员工在组织中产生和实现创新的程度至关重要，因为创新对提高组织绩效和竞争力具有重要的影响作用。学者们对组织内部激发员工创新的个体特质、组织情境及领导因素等方面，进行了深入的探讨（Wu et al.，2014；Usmanova et al.，2022；Yang et al.，2020）。人们的任何行为和结果都是在其所处社会环境中与他人动态交互中产生的。同样，个体的创新行为也可以被理解为是个体和其所处环境互动的结合产物（Amabile et al.，1996）。关于员工创新行为的情境因素研究，学者们探讨了领导行为对员工创新行为的影响效应。科技创业企业大多规模较小，往往是由科技创业者带领为数不多的科研工作者形成的科技创业团队。科技创业者作为科技创业企业的最高领导者，在科技创业团队中具有特殊的地位，他们掌握着企业的发展方向和资源，并对下属进行指导和考核，引导员工在企业中的成长与发展，影响着员工的行为。然而，面对动荡多变、竞争激烈的组织环境，科技创业者的领导行为亦随之变化，其背后的"指挥棒"却是其所拥有的社交影响力。科技创业者的社交影响力不仅能增加员工工作满意度、提高员工组织承诺（Fang et al.，2015），也被证实能够促进团队绩效。拥有较高社交影响力的科技创业者可以通过广泛的创业关系网络为员工提供创新所需的知识与资源，通过优秀的人际关系影响力为员工获取创新所需的支持和帮助，进而激发出员工更高的创新激情和自我效能感，促进其创新行为。

科技创业需要创新与创业有效联动，从创新的基础研究，到应用研究、实验开发，然后根据科研成果，创建衍生企业，将科研成果运用到企业实践中，实现科研成果的转化和落地。然而，在技术革新迅速的社会环境下，以及科技创业企业技术创新及路线、市场及商业模式高度不确定性的影响

下，科技创业者更需要借助强大的社交影响力，去感知并抓住创新创业机会，构建并利用创业关系网络，获取更多关键、稀缺的创业资源，为创新活动提供支持和保障。科技创业者既拥有着丰富的科学研究背景，又掌握着先进的科学技术，是科技创新创业中的最佳创业群体。但由于科学家、学者、科研工作者等往往更专注于科研成果或技术研发（Hahn et al.，2019），社交影响力可能是其亟待提升的短板。社交影响力作为科技创业者在与利益相关者交往互动过程中有效地理解利益相关者并影响利益相关者的社会能力，对其实现创新创业目标的方式具有积极的促进作用（Ferris et al.，2005）。具有社交影响力的科技创业者能够充分理解特定情境中的社会背景和他人的动机。由于他们能够轻易地实施这些影响，并有能力掩盖自己的意图，他们的影响行为通常被认为是真诚的。最终，具有社交影响力的科技创业者能够构建广泛而强大的关系网络，他们在社会结构中建立了良好的态度和相互关系（Fang et al.，2015）。科技创业者掌握着企业关键的核心技术，决定着科技创业企业的发展战略方向。作为科技创业活动中最重要的关键角色，积极地影响着团队成员的行为活动。因此，科技创业者自身的社交影响力在其科技创业活动中具有极为重要的影响作用（周键等，2019）。科技创业企业的创新取决于员工个体创新。根据社会影响理论的观点，社交影响力作为科技创业者个人的一种特殊社会技能，积极影响着组织成员的创新行为。科技创业者通过社交影响力发挥的魅力角色塑造调动员工的信任和尊重，增加员工创新的积极主动性，不仅能使创业者的创新决策更快速地下达并执行，同时有利于激发员工个人创新行为。

科技创业者作为企业的领导者，可以利用绩效评价机制考核员工，也可以利用职位、薪酬、奖励等来对员工施加影响。然而，领导力的本质在于它能够通过创建工作环境来影响员工参与创造性努力的意愿。科技创业者与员工的互动可以看作是环境刺激的一种形式，这种刺激在整个组织中广泛存在并得到下属的认可（唐乐等，2015）。学者们发现了有助于提高员工创新行为的影响因素，如工作中的自主性、具有挑战性的工作任务、对创新的支持、对创造性工作的欣赏、反馈和对待员工作为伙伴参与决策等（刘晔等，2022）。

首先，高社交影响力的科技创业者具有敏锐的环境洞察力，对组织外部环境来说，他能够更容易感知到科技创新的机会，及时抓住机会进行创新创业，并根据创新创业的需要，与利益相关者互动沟通，获取企业创新创业所需要的关键资源（肖宇佳、潘安成，2018），这可以为员工的创新行为和活动提供资源支撑和保障，支持和帮助员工开展各种创新活动；对组织内部环境来说，高社交影响力的科技创业者、更容易关注到下属员工的优势和专长（Zhou and Wu，2018），依据其优势与专长分配具有挑战性的创新任务，给予员工自由发挥的空间，并激励员工的创造性努力，这样可以增强员工的心理自由和参与性（Owens and Hekman，2012），进而提高员工对创新活动的参与度，激发员工的创新行为。

其次，高社交影响力的科技创业者具有较强的创业网络能力，可以通过其广泛的创业关系网络为员工创新争取更多的知识和资源（Zhang et al.，2022），并可以通过其较强的人际交往能力为员工创新提供所需的支持和帮助（Fang et al.，2015）。通过创业关系网络，科技创业者可以为员工提供在创新行为的第一阶段和第二阶段（即第一阶段确定新的想法和解决方案，以及第二阶段寻求赞助并建立联盟来支持新想法）所需要的更高级别的资源和支持，进而积极影响其下属的创新行为；同时也可以为员工创新行为第三阶段的创新标准化及推广提供资源支撑（Kannan-Narasimhan and Lawrence，2018）。科技创业者通过丰富的关系网络，将员工的前期创新工作推广出去，增加员工创新行为得到科技创业团队认可的概率，并提高团队将其推广的可能性，若员工感知到自己的创新成果得到认可，就会付出更大的努力和精力去参与创新活动。

再次，具有高社交影响力的科技创业者拥有较强的人际关系影响力，如建立友谊和有效的联盟（Grosser et al.，2018）。具有高社交影响力的科技创业者更容易获得员工的信任和认可，员工也更愿意与这样的领导者分享他们的新想法和解决方案（Ferris et al.，2005）。同时，强大的人际沟通能力也促使科技创业者更好地理解员工，使他们能够清楚地了解员工的创新意愿，并给予明确的反馈和及时的奖励，员工感受到科技创业者对他们创新行为的认可和支持，更积极主动地投入到创新活动中去（唐乐等，2015）。同样，高社交影响力的科技创业者通过自己强大的人际关系影响力，对员工创新行为第三阶段的创新标准化及推广也会起到重要的推动作用。

最后，高社交影响力的科技创业者具有较强的权术运用能力。高社交影响力的科技创业者善于站在员工的立场考虑员工的需求和想法，真诚地去关心员工工作和生活中的需求，并为他们扫清各种障碍。高社交影响力的科技创业者擅长展示自己的优势和特长，通过表现对学习的开放态度，为员工树立创新标杆（Owens and Hekman，2012）。以自身的标杆力量，指导和支持员工的创新活动。这种行为是对员工的一种展示，表明员工的专业知识是被他们的领导重视的，同时也标志着一定程度的参与。将下属的想法和建议纳入决策可以在团队内产生想法和创新产出。

因此，科技创业者可以通过敏锐的环境感知能力、强大的人际关系影响力、优秀的创业网络能力及灵活的权术运用能力，积极地影响员工创新行为的三个阶段，帮助员工确定新想法和解决方案，发展网络联盟为其提供资源和支持，推动创新标准化，并将员工的前期创新工作推广到团队中，增加员工创新行为得到科技创业团队认可的概率，并提高团队将其推广的可能性，员工感知到自己的创新成果被科技创业者及团队成员所认可，就会更积极地参与创新。因此，本章提出如下假设：

假设 H7：科技创业者社交影响力正向影响员工创新行为。

在假设 H5 中，笔者预测科技创业者社交影响力正向影响员工和谐型创新激情；在假设 H7 中，笔者预测科技创业者社交影响力正向影响员工创新行为。也有学者论证了和谐型创新激情积极地影响着其创新行为（Ye et al.，2021；Schenkel et al.，2019；蒋昀洁等，2018；叶龙等，2019）。高社交影响力的科技创业者通过驱动员工的内在自主动机，积极参与创新活动。当员工具有强烈的创新激情时，会由内而发地认可并主动自愿地参与创新，同时会为开展创新活动投入更多的时间和精力。创新固有的特征是高风险和高不确定性，创新活动的开展需要员工敢于冒险、不怕失败、不断尝试。因此，员工创新激情的激发，需要科技创业者给予鼓励与支持。高社交影响力的科技创业者，通常有着较强的理解能力，并能够成功地影响他人的行为（Ferris et al.，2005），以自身具有的创新创造力和自我驱动力来激发员工创新的内在驱动力，激励员工开展创新活动，并积极自发地收集创新知识、开发创新资源，激发员工创新行为。科技创业通过社交影响力激发了员工参与创新活动的强烈意愿，并愿意通过自己的最大努力，更积极主动地去参与并开展创新活动（Bagheri et al.，2020）。因此，科技创业者借助自己的社交影响力去影响和激励员工参与创新活动，增强员工的和谐型创新激情，积极地促进员工创新行为的产生。因此，本章提出如下假设：

假设 H8：科技创业者社交影响力通过和谐型创新激情正向影响员工创新行为。

同样，上述推导也表明科技创业者社交影响力可以激发员工的创新自我效能感（假设 H6）和员工创新行为（假设 H7），故而员工创新自我效能感在科技创业者社交影响力与员工创新行为的关系中可能也会起到中介作用。Haase 等（2018）认为，创新自我效能感可以形成自我激励并赋能信念，这些信念影响着他们的思想、期望和行为，使他们产生新的想法，进而激发其创新行为。Bagheri 等（2020）也验证了员工创新自我效能感与员工创新行为之间存在着积极的正相关关系。故而，笔者认为，员工创新自我效能感作为中介纽带，连接了科技创业者社交影响力和员工创新行为（唐乐等，2015）。任何创新都具有一定的风险性，员工需要很强的信念才会去付出努力。员工创新自我效能感越高，就会越努力越自信。他们更善于学习新知识和新技术、敢于面对挫折和挑战、勇于将新方法付诸实践，将在工作中表现出更多的创新行为（Tierney and Farmer，2002）。因此，科技创业者社交影响力要想在创新过程中发挥作用，需要通过激发员工的创新自我效能感来实现。因此，本章提出如下假设：

假设 H9：科技创业者社交影响力通过创新自我效能感正向影响员工创新行为。

四、领导—成员交换关系的调节作用

Graen 和 Uhl-Bien（1995）指出，领导—成员交换关系着重强调了领导者和下属之间存在着不同的双重交换关系。领导—成员交换理论是基于社会交换理论提出的，该理论认为，领导者或管理者与每一个员工都有一种特殊的关系，这种关系是独特的，并且随着时间的推移而变化（Xu et al.，2020）。根据领导—成员交换理论的观点，领导者拥有的资源有限，为了提高绩效，他们会以不同的方式将自己的资源分配给下属。因此，领导者与下属之间有着不同的独特关系。良好的领导—成员交换关系是基于信任和支持产生的，其特点是相互喜欢和尊重。这种高质量的关系带来了积极的结果，如相互喜欢、更好的绩效、组织承诺和工作满意度（Buengeler et al.，2021）。在这种良好交换关系情境下，员工可以获得更多与工作相关的信息，会使员工感受到来自领导的更多支持，他们也会更愿意接受挑战性任务，感觉更有动力，表现出更高水平的任务和情境绩效。相比之下，低质量的交换关系是以雇用为基础的角色承担行为（Graen and Uhl-Bien，1995），是正式的、契约性的交换。在低质量交换关系的情况下，员工只是建立契约关系的被雇用者，领导与成员的关系则是建立在正式的权力层级上的正常关系质量，作为员工也仅仅是完成职责内的工作要求，而较少被领导所关注，相应得到的资源、机会、奖励、信任等也相对较少。

（一）领导—成员交换关系对员工和谐型创新激情的调节作用

根据假设 H5 的论述，笔者预测了科技创业者社交影响力与员工和谐型创新激情之间的正相关关系。除了假设 H5 解释的这种直接影响关系外，笔者认为科技创业者与团队成员的交换关系在这个过程中也起着关键作用。Graen 和 Uhl-Bien（1995）认为，领导者和员工通过双方之间的互惠交流，形成了以信任、尊重和义务的互惠交换为基础的领导—成员交换关系，这种关系是通过双方之间的累积互惠交流发展起来的（Cropanzano et al.，2017；Graen and Uhl-Bien，1995）。当科技创业者与员工之间的领导—成员交换关系较好时，员工会主动承担有挑战性的任务，科技创业者通过自己敏锐的环境感知力，为员工带来新的理念、新的创新方向及新的思路与方法，把国家政策、行业趋势及市场需求及时传递给下属，与科技创业者交换关系好的员工会积极承担创新任务（Ye et al.，2021）。与此同时，科技创业者借助自己强大的创业网络能力与人际关系影响力，从自己的关系网络中为员工争取更多的创新资源、前沿知识及信息，并通过运用权术，协调员工之间的知识、信息等各种资源的分配与共享（Zhang et al.，2022），以真诚、自信的态度鼓励和支持员工参与创新活动。同时，对于员工来说，凭借与科技创业者的良好关系，他们可能会更有动力去参与创新活动，受到内在驱动力来激励自己去主动执行创新任务（Han and Bai，2020）。科技创业者的这些政治行为都有助于增强员工参与创新活动的热情，提高员工接受非常规的、具有挑战性的创新任务，进而激发员工和谐型创新激情。反之，当科技创业者与员工之间的领导—成员交换关系不好时，科技创业者向员工传递新的理念和方向时，员工可能会觉得那是领导的事情，跟自己无关，科技创业者分配什么任务就做什么任务，被动地完成工作，很难接受挑战性的任务（Young et al.，2021）。同时，当员工与科技创业者之间的交换关系较差时，他们所获取的资源和信息也相对较少，这样更难激发他们的创新热情，那么，此时员工的和谐型创新激情就相对较低，因此，本章提出如下假设：

假设 H10：领导—成员交换关系正向调节科技创业者社交影响力与员工和谐型创新激情的关系。

（二）领导—成员交换关系对员工创新自我效能感的调节作用

同样，笔者认为领导—成员交换关系可能也是在科技创业者社交影响力与员工创新自我效能感的关系的情境变量。Bandura（1977）假设了个人自我效能感源于观察学习、成功经验、语言说服和心理状态。将理论延伸到科技创业情境下，笔者认为领导—成员交换关系可能是科技创业者社交影响力与员工创新自我效能感之间关系的情境变量。当科技创业者和员工之间的领导—成员交换关系较好时，科技创业者可以借助其社交影响力更有效地培养员工创新自我效能感的四个来源。员工与科技创业者的关系较好时，员工就容易接纳科技创业者传递的信息和观念，科技创业者通过自己强大的人际关系影响力，为员工树立标杆示范作用，传授其成功的经验，供员工观察学习。对于员工来说，他们可能更依赖这种良好的交换关系来获取科技创业者的成功经验，并作为自己观察学习的模式，这将有助于员工有效信念的形成。另外，高社交影响力的科技创业者具有较强的说服力和影响力，在良好的领导—成员交换关系的情况下，高社交影响力的科技创业者会向员工灌输一种"能行"的观念。这种观点与皮格马利翁效应一致，科技创业者对员工提高的期望会改善员工的行为及绩效，员工在这种观念的影响下，员工的态度会实现从"能不能行"到"我能行"的转变。

对于消极的心理状态因素而言，当科技创业者与员工之间的领导—成员交换关系较好时，科技创业者通过社交影响力对员工表现出真诚、信任、同理心、尊重和热情（Grosser et al.，2018），为员工营造一个培养良好身心健康的环境，促进情感唤醒，这可以在改变员工心理状态的同时，大大提高员工的创新自我效能感。相比之下，与科技创业者处于较差交换关系中的下属员工，由于缺乏科技创业者的支持，更有可能经历创新自我效能感的减弱，并且很可能会觉得自己被科技创业者排斥，进而造成了一系列负面的社会认知和行为后果，也会导致创新自我效能感的降低。同时，在科技创业者与员工之间的领导—成员交换关系较差时，科技创业者向员工传授创新经验时，员工可能会逃避观察学习，认为这是科技创业者通过传授经验来增加他们的工作任务，他们会抗拒非常规、挑战性的任务，科技创业者的说服也会被他们认为是"虚假的忽悠"，他们可能会产生更为消极、抵触的心理状态，这都会对员工创新自我效能感产生消极影响。因此，本章提出如下假设：

假设 H11：领导—成员交换关系正向调节科技创业者社交影响力与员工创新自我效能感的关系。

根据上述假设，由于员工的和谐型创新激情和创新自我效能感可能中介了科技创业者社交影响力与员工创新行为的关系（假设 H8 和假设 H9），且领导—成员交换关系也会调节科技创业者社交影响力与和谐型创新激情和创新自我效能感之间的关系（假设 H10 和假设 H11）。故而，本章认为领导—成员交换关系会调节和谐型创新激情和创新自我效能感在科技创业者社交影响力与员工创新行为间的间接作用，即被调节的中介作用。具体地讲，在科技创业者与员工的领导—成员交换关系良好时，科技创业者社交影响力会更加显著地促进员工的和谐型创新激情和创新自我效能感，提高员工进行创新的积极性；反之，在科技创业者与员工之间的领导—成员交换关系一般时，科技创业者社交影响力对员工和谐型创新激情和创新自我效能感的影响作用就会减弱，同时对员工创新行为的间接作用就会减弱。也就是说，这种交换关系越好，科技创业者越能够激发员工的和谐型创新激情和创新自我效能感，同时也更加有助于激发员工的创新行为。高社交影响力的科技创业者具有较强的人际关系影响力、创业网络能力，这些能力很容易与员工之间形成良好的交换关系。同时，高社交影响力的科技创业者具有较强的环境敏锐性，在良好的交换关系的情境下，科技创业者能够及时发现员工的创新热情，并通过权术运用，给予员工信任和支持，促进其和谐型创新激情的提升，使其由内而发地进行创新。在科技创业者与员工之间的领导—成员关系较好时，科技创业者会认为员工是圈内人，会为其提供更多的资源和支持（Ye et al.，2021），给予更多的信任和鼓励，员工在与科技创业者工作交往过程中，得到认可并增强了信心，提高了创新自我效能感，自发主动地进行创新。当科技创业者与员工的领导—成员关系一般时，员工与创业者的交换仅限于工作时约定的契约，缺乏更深入的沟通交流，这样也会削弱员工参与创新的积极性和主动性（冯蛟等，2019）。员工在工作中会更加循规蹈矩以避免创新带来风险，从而避开创新任务或减少创新行为。因此，本章认为：科技创业者与员工的领导—成员交换关系越好，高社交影响力的科技创业者越容易提高员工的和谐型创新激情和创新自我效能感，进而激发员工创新行为。因此，本章提出如下假设：

假设 H12：领导—成员交换关系调节了和谐型创新激情在科技创业者社交影响力与员工创新行为之间的中介作用，领导—成员交换关系越好，和谐型创新激情的中介作用越强。

假设 H13：领导—成员交换关系调节了创新自我效能感在科技创业者社交影响力与员工创新行为之间的中介作用，领导—成员交换关系越好，创新自我效能感的中介作用越强。

第三节　研究方法

一、样本收集与研究设计

党的二十大报告指出，在新的现代化征程上，应深入实施创新驱动发展战略，推动高水平农业科技自立自强。目前，我国应该重点挖掘农业科技潜力，大幅推进高水平农业科技创新。与此同时，很多高科技企业（如大疆农业无人机、农业中关村等）开展涉农科技创新创业活动。因此，本章选取了涉农行业的科技创业企业进行实地调研，以检验研究假设。科技创业企业往往规模较小，创新性较强且高层次人才较多。因此，本章的样本主要选自高层次人才较多的北京、上海、苏州三个城市，以及高层次人才增速较快的农业大省的省会郑州，通过对各地农业科技园区中的科技创业企业进行调研，调研企业主要集中于农用机械、农业技术服务、农作物育种、农业种植等行业。采用现场问卷和电子问卷对农业科技创业者和员工进行调研。

一是现场问卷调查。选取河南农业大学、河南工业大学、郑州轻工业大学等（这些高校都开设了重要的粮农学科）高校孵化的农业科技创业企业，河南省农业科学院、郑州市农林科学研究所等农业科研机构，以及郑州国家农业科技园区内的农业高科技公司，对其主要创始人和员工进行调研。因采用农业科技创业者与团队员工配对方式获取数据，每位农业科技创业者需要选出 3~6 名员工，农业科技创业者对自身的社交影响力及员工创新行为进行评价，并填写关于农业科技创业者的个人信息（性别、年龄、受教育程度）及创业团队信息（创业团队成立时间、团队规模、所属行业、企业类型）。员工对和谐型创新激情、创新自我效能感、领导—成员交换关系进行自我评价，并填写个人的基本信息（性别、年龄、受教育程度、工作岗位）。对每一个团队进行编码，以确保团队和数据的匹配，并现场收回问卷。

二是电子问卷调查。通过联系北京、上海、苏州等地的农业科技创业园和农业创业孵化基地的负责人，获取该园区或该基地中农业科技创业企业名录，选取符合本次调研条件的农业科技创业企业，通过电子邮箱给选出的农业科技创业者和员工发送配套的科技创业者调查问卷和团队员工调查问卷，并说明科技创业者调查问卷和员工调查问卷的填写要求，由农业科技创业者和 3~6 名员工分别填写创业者问卷和员工问卷。调查问卷发出后，调研人员会及时跟进，与被访者联系，以提高调查问卷的回收率。现场问卷和电子问卷两波数据都收集回来后，对两波数据进行独立样本 T 检验分析，分析结果表明，两波数据不存在明显差异。

2022 年 6~9 月，通过对农业科技创业企业开展问卷调查，共收回 136 套问卷，对信息不完整和重复填写的无效问卷进行剔除后，最终获取 80 套有效调查问卷，有效回收率为 58.8%。其中，农业科技创业者问卷 80 份，员工问卷 418 份。由表 5-1 可以看出，农业科技创业者 65.0% 为男性，35.0% 为女性；主要集中于 41~50 岁。农业科技创业者受教育程度普遍较高，硕士占 42.5%，博士及以上占 10.0%。农业科技创业企业方面，私营农业科技创业企业占比最高，为 75.0%；农业科技创业团队成立时间主要集中在 3~5 年，占总样本的 41.3%；农业科技创业团队规模普遍偏小，在本次调查样本中，6~10 人的农业科技创业团队占比最大，占 35.0%；主要分布于农作物育种、农业技术服务及农用机械等行业，员工数量主要分布在 10 人以下。

表 5-1 科技创业者样本基本情况分析（N=80）

特征	分类	样本数	比例（%）	特征	分类	样本数	比例（%）
性别	男性	52	65.0	年龄	30 岁以下	11	13.8
	女性	28	35.0		31~40 岁	22	27.5
受教育程度	大专	12	15.0		41~50 岁	35	43.8
	本科	26	32.5		51~60 岁	12	15.0
	硕士	34	42.5	所属行业	农业技术服务	19	23.8
	博士及以上	8	10.0		农用机械	15	18.8
团队规模	1~5 人	19	23.8		农业种植	18	22.5
	6~10 人	28	35.0		农作物育种	28	35.0
	11~20 人	18	22.5	企业类型	国有企业	13	16.3
	20 人以上	15	18.8		外资企业	6	7.5
团队成立时间	3 年以下	24	30.0		合资企业	1	1.3
	3~5 年	33	41.3		私营企业	60	75.0
	6~8 年	8	10.0				
	8 年以上	15	18.8				

由表 5-2 可以看出，农业科技创业团队的员工主要集中于 31~40 岁；男性占 46.4%，女性占 53.6%，大多处于农业研发岗和技术支持岗；员工受教育程度普遍较高，本科及以上占 88.5%。可以看出，农业科技创业企业的员工普遍具有较高学历和较高知识水平。

表 5-2　员工样本基本情况分析（N＝418）

特征	分类	样本数	比例（%）	特征	分类	样本数	比例（%）
性别	男性	194	46.4	年龄	30 岁以下	66	15.8
	女性	224	53.6		31~40 岁	219	52.4
工作岗位	生产	61	14.6		41~50 岁	118	28.2
	市场	31	7.4		51~60 岁	15	3.6
	研发	140	33.5	受教育程度	专科	48	11.5
	技术支持	72	17.2		本科	191	45.7
	其他	114	27.3		硕士	153	36.6
					博士及以上	26	6.2

二、变量测量

本书关于科技创业者社交影响力的测量量表是自主开发的，其他变量的测量量表都是借鉴国外著名学者开发的经典成熟量表，并根据中国科技创业的具体情境进行了修改和完善，以适合中国科技创业情境，使测量量表具有良好的信度和效度水平。各变量的测量问卷均由农业科技创业者及其团队成员亲自填写完成，本章采用 Likert-5 量表进行测量，即"1 表示非常不同意，5 表示非常同意"。

（一）科技创业者社交影响力

关于科技创业者社交影响力的测量，采用本书第四章自主开发的 14 条目创业者社交影响力量表，包括 4 个维度，分别是环境敏锐、创业网络能力、人际关系影响和权术运用。测量条目分别为 3 个、3 个、4 个、4 个。具体测量题项如表 5-3 所示。

表 5-3　科技创业者社交影响力测量量表

编号	测量题项	类别
PS1	创业者具有敏锐的洞察力，能够及时把握创业机会	环境敏锐
PS2	创业者时刻关注国家政策、行业前景及发展趋势	
PS3	创业者具有很强的市场预判能力	

编号	测量题项	类别
PS4	为了实现创业成功,创业者需要通过多种渠道、多种方式与可以合作的利益相关者建立关系网络	创业网络能力
PS5	创业者擅长与政府、客户、供应商、金融机构等重要合作者建立良好的关系以获取信息和资源	
PS6	创业者与利益相关者建立了强大的关系网络,并擅长运用自己的关系网络实现创业资源的获取与整合	
PS7	创业者在创业中构建关系网来影响利益相关者的能力很强	人际关系影响
PS8	创业者能很轻松地与利益相关者建立密切的关系	
PS9	有时创业者像个演员,以不同的角色与利益相关者打交道	
PS10	创业者擅长让周边的创业伙伴和利益相关者喜欢自己	
PS11	创业者擅长站在利益相关者的立场上"换位思考"	权术运用
PS12	与创业伙伴和利益相关者沟通时,创业者会在言语和行为上表现得很真诚	
PS13	让利益相关者相信创业者是一个言行一致的人很重要	
PS14	创业者应该灵活运用各种方法,使利益相关者相信自己是个真诚可信的人	

(二)员工创新行为

本章采用 Scott 和 Bruce(1994)编制的个体创新行为量表来测量员工创新行为,共包括 6 个测量条目。分别从想法产生、想法推广和想法实现三个创新过程进行测量的。题项如"该员工会积极寻找新流程、新方式方法、新思路或新技术""该员工会努力争取资源去实现创新""该员工会做好计划和安排以实现新的观点和想法"等。具体测量题项如表 5-4 所示。

表 5-4　员工创新行为测量量表

项目	测量题项
EIB1	该员工会积极寻找新流程、新方式方法、新思路或新技术
EIB2	该员工时常会产生一些创造性的想法
EIB3	该员工会向别人主动介绍和沟通自己的新想法
EIB4	该员工会努力争取资源去实现创新
EIB5	该员工会做好计划和安排以实现新的观点和想法
EIB6	该员工具有创新意识

（三）和谐型创新激情

根据创新活动的特点，对 Vallerand 等（2003）编制的和谐型工作激情量表进行修订和完善，形成了 7 条目的和谐型创新激情测量量表。代表性题项如，"我的个人优势在自主、和谐创新中得到体现""我无法想象我的生活中没有创新会怎样""我认为和谐型创新充满了激情"等。具体测量题项如表 5-5 所示。

表 5-5　和谐型创新激情测量量表

项目	测量题项
HIP1	我喜欢自主的和谐创新
HIP2	我的个人优势在自主、和谐创新中得到体现
HIP3	我无法想象我的生活中没有创新会怎样
HIP4	自主、和谐创新对我来说非常重要
HIP5	创新与我生活中的其他活动是和谐的
HIP6	我在情感上依赖和谐型创新
HIP7	我认为和谐型创新充满了激情

（四）创新自我效能感

采用 Tierney 和 Farmer（2002）编制的量表来测量本章中的员工创新自我效能感，共包括 4 个测量条目。代表性测量题项如，"我相信自己能够创造性地解决工作中的问题""我擅长构思出新想法和新观点""我善于从他人的想法中创造出自己的新观点"等。具体测量题项如表 5-6 所示。

表 5-6　创新自我效能感测量量表

项目	测量题项
ISE1	我相信自己能够创造性地解决工作中的问题
ISE2	我擅长构思出新想法和新观点
ISE3	我善于从他人的想法中创造出自己的新观点
ISE4	我擅长想出新方法来解决问题

(五) 领导—成员交换关系

采用 Graen 和 Uhl-Bien (1995) 编制的 7 条目量表对领导—成员交换关系进行测量，并根据大多科技创业团队都是科技创业者带领几个员工进行创业的小规模企业的特点，将题项中的"领导"修改为"老板"，修订后的领导—成员交换关系测量量表更适合科技创业团队这一特殊群体。代表性测量题项有，"我知道老板对员工工作的相关评价""当员工工作上有需要时，老板都会竭力帮助""当员工工作上遇到困难时，老板会牺牲自己的利益帮助员工"等。具体测量题项如表 5-7 所示。

表5-7 领导—成员交换关系测量量表

项目	测量题项
LMX1	我知道老板对员工工作的相关评价
LMX2	我的老板了解员工的需求以及员工工作中的问题
LMX3	老板了解员工的工作实力和潜力
LMX4	当员工工作上有需要时，老板都会竭力帮助
LMX5	当员工工作上遇到困难时，老板会牺牲自己的利益帮助员工
LMX6	我对我的老板有信心，所以我会支持他的决定
LMX7	我与老板之间的工作关系很好

三、分析处理

本章使用的统计分析工具主要有 SPSS 25.0、AMOS 23.0、SPSS PROCESS 宏程序及 Bootstrap 分析法。研究将使用回归分析方法进行验证。首先，使用 SPSS 25.0 和 AMOS 23.0 计算各个研究变量的信效度、描述性信息和相关矩阵等。其次，遵循 MacKinnon (2008) 的四步程序来建立中介效应。最后，检验这一中介影响效应是否受到外部情境变量的调节作用。有调节的中介效应通常是用来检验中介影响效应的高低是否取决于调节变量的值。本章采用 Hayes (2013) 的 PROCESS macro (Model 84) 进行检验。所有连续变量均标准化，交互项由这些标准化得分计算。此外，采用 Bootstrap 方法检验所有影响的显著性，以获得参数估计的标准误差 (Hayes，2013)。Bootstrap 方法从 5000 个重复采样数据中产生这些效应的 95%偏差校正置信区间，不包括零的置信区间表示显著的影响。

第四节　实证结果

一、信效度分析

（一）信度分析

信度分析是对测试结果的一致性、稳定性和可靠性的分析与检验。研究人员往往采用内部一致性来检验研究变量的信度高低。研究变量的信度越高，表明检验结果的可信度就越高。进行研究变量信度分析时，学者们通常采用 Cronbach's α 系数来判断量表的整体可靠性。Cronbach's α 系数越大，说明测量题项的相关性就越大，整体可靠性越高。通常把信度检验可接受的标准设定为 0.6。若 Cronbach's α 系数小于 0.6，表明该量表的信度偏低；若 Cronbach's α 系数大于 0.6，表明该量表的信度高。但学者们通常采用的标准是：Cronbach's α>0.7 说明问卷信度达到统计上可接受水平，Cronbach's α>0.8 则说明量表具有较好的信度。

表 5-8 报告了各变量测量量表的信度，科技创业者社交影响力、和谐型创新激情、创新自我效能感、领导—成员交换关系、员工创新行为 5 个变量测量量表的 α 系数均高于 0.8，说明测量量表具有较好的信度。

表 5-8　研究变量的信度分析

变量	问卷题号	题项数	Cronbach's α
社交影响力（PS）	PS1-PS14	14	0.916
和谐型创新激情（HIP）	HIP1-HIP7	7	0.905
创新自我效能感（ISE）	ISE1-ISE4	4	0.881
领导—成员交换关系（LMX）	LMX1-LMX7	7	0.889
员工创新行为（EIB）	ESE1-ESE4	6	0.873

（二）效度分析

效度分析可以确保样本数据结果的可靠性，主要通过测量量表的构思效度、聚合效度和区别效度来保证问卷结果的效度。本章采用探索性因子分析法，检验了各测量量表的聚合效度，采用组合信度（CR）和平均变异量（AVE）检验各研究变量的构思效度与区别效度。

首先，通过对各变量的测量题项进行探索性因子分析得出，科技创业者社交影响力、员工创新行为、领导—成员交换关系、和谐型创新激情和创新自我效能感量表的 KMO 值分别为 0.919、0.892、0.917、0.925、0.834，均大于 0.7 的标准值，在 p<0.001 的水平上显著，表明可以做因子分析。通过科技创业者社交影响力、员工创新行为、领导—成员交换关系、和谐型创新激情和创新自我效能感量表的测量题项进行因子分析，得到了特征值大于 1 的因子，5 个变量得到的因子共解释的总变异分别为 66.95%、61.34%、60.36%、63.89%、73.67%，说明这 5 个研究变量采用的测量量表都具有较好的聚合效度。其次，从表 5-9 可以看出，科技创业者社交影响力、员工创新行为、领导—成员交换关系、和谐型创新激情和创新自我效能感的组合信度分别为 0.946、0.905、0.934、0.925、0.918，均大于 0.7 的标准值，表明这 5 个变量具有理想的构思效度。最后，提取科技创业者社交影响力、员工创新行为、领导—成员交换关系、和谐型创新激情和创新自我效能感的 AVE 平方根，5 个变量的 AVE 平方根分别为 0.546、0.598、0.559、0.635、0.730，均大于 0.5 的标准值，5 个变量的解释变异量高于测量误差对其的解释变异量，说明这 5 个变量的区别效度都具有较高水平。

以上结果均展示在表 5-9 中，笔者发现，科技创业者社交影响力、员工创新行为、领导—成员交换关系、和谐型创新激情和创新自我效能感的 KMO 值在 0.834~0.925，高于 0.7 的标准，总方差解释率均高于 60.36%，表明这 5 个变量量表具有较好的聚合效度。科技创业者社交影响力、员工创新行为、领导—成员交换关系、和谐型创新激情和创新自我效能感的组合信度在 0.905~0.946，高于 0.7 的标准，表明这 5 个变量具有理想的构思效度。科技创业者社交影响力、员工创新行为、领导—成员交换关系、和谐型创新激情和创新自我效能感的 AVE 值介于 0.546~0.730，均大于 0.5 的标准，表明 5 个变量的解释变异量高于测量误差对其的解释变异量，说明这 5 个变量都具有较好的区别效度。因此，笔者认为本章所采用的测量量表具有良好的效度。

表 5-9 研究变量的效度分析

变量	题项	因子载荷	解释方差（%）	组合信度	AVE	变量	题项	因子载荷	解释方差（%）	组合信度	AVE
社交影响力	PS1	0.728	66.95	0.946	0.546	领导—成员交换关系	LMX1	0.714	60.36	0.934	0.559
	PS2	0.747					LMX2	0.807			
	PS3	0.741					LMX3	0.718			
	PS4	0.761					LMX4	0.745			
	PS5	0.716					LMX5	0.759			
	PS6	0.732					LMX6	0.861			
	PS7	0.756					LMX7	0.821			
	PS8	0.734				和谐型创新激情	HIP1	0.775	63.89	0.925	0.635
	PS9	0.775					HIP2	0.828			
	PS10	0.770					HIP3	0.787			
	PS11	0.796					HIP4	0.833			
	PS12	0.795					HIP5	0.800			
	PS13	0.884					HIP6	0.742			
	PS14	0.693					HIP7	0.827			
员工创新行为	EIB1	0.755	61.34	0.905	0.598	创新自我效能感	ISE1	0.866	73.67	0.918	0.730
	EIB2	0.795					ISE2	0.838			
	EIB3	0.769					ISE3	0.859			
	EIB4	0.828					ISE4	0.869			
	EIB5	0.786									
	EIB6	0.763									

二、描述性统计与相关性分析

表 5-10 展示了本章的控制变量、自变量、中介变量、调节变量及因变量的均值、标准差和各变量间的相关关系。由表 5-10 可以看出，科技创业者社交影响力（$r=0.449$，$p<0.01$）、和谐型创新激情（$r=0.426$，$p<0.01$）、创新自我效能感（$r=0.432$，$p<0.01$）、领导—成员交换关系（$r=0.116$，$p<0.01$）都与员工创新行为呈正相关关系。此外，员工的性别（$r=0.140$，$p<0.01$）、年龄（$r=-0.114$，$p<0.05$）也对其创新行为具有显著的正相关和负相关关系，说明不同性别、不同年龄的科技人员的创新行为是存在差异的。

表 5-10　变量的描述性统计分析和相关系数矩阵

变量	均值	标准差	1	2	3	4	5	6	7	8	9
1. 性别	1.536	0.500	1.000								
2. 年龄	2.196	0.739	-0.045	1.000							
3. 受教育程度	2.376	0.768	0.062	-0.003	1.000						
4. 工作岗位	3.352	1.342	0.344***	-0.062	0.232**	1.000					
5. 社交影响力	3.650	0.580	0.080	0.039	0.079	0.090	1.000				
6. 和谐型创新激情	3.601	0.723	0.063	-0.001	-0.049	0.019	0.379**	1.000			
7. 创新型自我效能感	3.520	0.839	0.065	0.050	-0.075	-0.019	0.397**	0.363**	1.000		
8. 领导-成员交换关系	3.664	0.627	0.036	0.111*	0.001	0.060	0.223**	0.272**	0.257**	1.000	
9. 员工创新行为	3.605	0.806	0.140**	-0.114*	0.009	0.053	0.449**	0.426**	0.432**	0.116*	1.000

注：* 表示 $p<0.05$；** 表示 $p<0.01$；*** 表示 $p<0.001$。

三、同源方差检验

同源方差，也被称为共同方法偏差。在问卷调查研究中，它是一种最常见的系统误差。研究者采用相同的测量方法，导致预测变量与校标变量之间产生公变，这种公变会误导回归分析结果（Podsakoff et al.，2003）。同源方差产生的原因主要包括受访者评价的系统误差、问卷或测量环境中暗含的提示线索以及问卷的格式和措辞。

本章的样本数据是由农业科技创业者和团队员工的自我报告得来的，因此，收集的样本数据可能会受到同源方差的影响。参照 Richardson 等（2009）的方法，本章研究在问卷发放、问卷收集、统计验证 3 个阶段使用 3 项措施来尽可能避免共同方法偏差问题。第一阶段：问卷发放。调研者从不同地区、不同行业、不同性质的科技创业企业中，选取科技创业者作为被访对象。第二阶段：问卷收集。调查者向被访者保证，本次调查仅用于学术研究，回答均为匿名的，答案没有正确与错误的分别，被访者依据他们的实际情况填写问卷即可。第三阶段：数据检验。使用 Harman 单因素分析法，对收集的数据进行同源方差检验，对样本数据进行统计上的共同方法偏差检验，对研究变量的所有题项进行探索性因子分析。检验结果表明，最大因子解释率为 28.52%，远低于 50% 的临界值，不存在单一因子解释绝大部分方差变异问题，说明调研数据并不存在严重的同源方差问题。

四、多重共线性检验

首先，通过对各研究变量进行相关性分析得出，研究中变量间的相关系数最大值为 0.449（见表 5-10），初步说明线性回归模型中的各个解释变量之间不存在多重共线性关系。其次，使用 SPSS 25.0 对各解释变量进行共线性诊断得出，方差膨胀因子（VIF）最大值为 1.294，VIF 值小于10，说明线性回归模型中的研究变量之间并不存在严重的多重共线性。

五、回归结果

（一）直接效应检验和中介效应检验

为了检验和谐型创新激情、创新自我效能感是否在科技创业者社交影响力对员工创新行为的影响中起到中介作用。首先，本节根据 MacKinnon（2008）建立中介效应的四步骤，要求：①建立自变量科技创业者社交影响力与因变量员工创新行为之间的主效应，验证科技创业者社交影响力对员工创新行为的正向预测作用；②建立自变量科技创业者社交影响力与中介变量和谐型创新激情和创新自我效能感的直接影响，验证科技创业者社交影响力正向影响员工的和谐型创新激情和创新自我效能感；③建立中介变量和谐型创新激情和创新自我效能感与因变量员工创新行为之间的关系，在控制科技创业者社交影响力的同时，员工的和谐型创新激情和创新自我效能感与其创新行为仍起到正向预测作用；④进一步验证，在科技创业者社交影响力和员工创新行为之间中介路径上存在显著效果。其次，运用 Bootstrap 中介效应检验分析方法来判定是否达到要求。

按照 MacKinnon（2008）提出的中介检验四步骤，采用 Hayes（2013）的 PROCESS macro（Model 6）进行中介效应检验（见表 5-11）。在控制员工性别、年龄、受教育程度及工作岗位的基础上，首先，检验自变量对因变量的直接预测作用。由模型 1 可知，科技创业者社交影响力正向影响员工创新行为（$\beta = 0.626$，$p < 0.001$），支持了假设 H7。其次，检验自变量对中介变量的直接预测作用。由模型 2 和模型 3 可以得出，科技创业者社交影响力正向影响和谐型创新激情（$\beta = 0.478$，$p < 0.001$）（见模型 2）、创新自我效能感（$\beta = 0.451$，$p < 0.001$）（见模型 3），支持了假设 H5、假设 H6。再次，检验中介变量和谐型创新激情和创新自我效能感对员工创新行为的正向预测作用，由模型 4 可知，和谐型创新激情（$\beta = 0.260$，$p < 0.001$）和创新自我效能感（$\beta = 0.236$，$p < 0.001$）对员工创新行为具有正向预测作用，符合第三步的检验要求。最后，采用百分位数偏差校正的 Bootstrap 方法，检验和谐型创新激情和创新自我效能感在科技创业者社交影响力与员工创新行为关系间的中介效应。结果显示，和谐型创新激情和创新自我效能感在科技创业者社交影响力与员工创新行为关系中的中介效应显著（$\beta = 0.364$，$p < 0.001$，$95\%CI = [0.239, 0.489]$），中介效应占总效应的 41.9%（见表 5-12）。通过以上论述，本节模型完全符合 MacKinnon（2008）提出的中介效应检验步骤要求，支持了假设 H8、假设 H9，和谐型创新激情和创新自我效能感在科技创业者社交影响力与员工创新行为之间起到中介作用。

表 5-11 中介效应检验

变量	模型 1（员工创新行为）			模型 2（和谐型创新激情）			模型 3（创新自我效能感）			模型 4（员工创新行为）		
	β	se	t	β	se	t	β	se	t	β	se	t
constant	1.479	0.275	5.386***	1.995	0.259	7.715***	0.965	0.308	3.136***	0.601	0.274	2.196**
社交影响力	0.626	0.061	10.333***	0.478	0.057	8.378***	0.451	0.069	6.577***	0.364	0.063	5.729***
和谐型创新激情							0.277	0.055	5.061***	0.260	0.050	5.234***
创新自我效能感										0.236	0.043	5.443***
性别	0.176	0.074	2.368*	0.059	0.070	0.848	0.081	0.078	1.033	0.138	0.069	2.006
年龄	-0.140	0.047	-2.956	-0.015	0.045	-0.327	0.042	0.050	0.841	-0.145	0.044	-3.322**
受教育程度	-0.029	0.047	-2.956**	-0.074	0.044	-1.677	-0.087	0.049	-1.771	0.015	0.043	0.347
工作岗位	-0.016	0.028	-0.552	-0.007	0.027	-0.258	-0.030	0.030	-1.001	-0.006	0.026	-0.245
R^2	0.231			0.151			0.223			0.350		
F	24.697***			14.700***			19.612***			31.524***		

注：* 表示 $p < 0.05$；** 表示 $p < 0.01$；*** 表示 $p < 0.001$。

表 5-12　总效应、直接效应及间接效应分解

	效应值	Boot 标准误	Boot CI 下限	Boot CI 上限	相对效应值
总效应	0.626	0.061	0.507	0.745	
直接效应	0.364	0.063	0.239	0.489	58.1%
间接效应	0.262	0.042	0.186	0.352	41.9%

（二）有调节的中介效应检验

本节根据 Hayes（2013）提出的操作步骤，使用 SPSS PROCESS macro（Model 84）检验有调节的中介效应，如表 5-13 所示。在模型 1 中，估计了领导—成员交换关系对科技创业者社交影响力对员工创新行为之间的调节作用；在模型 2 和模型 3 中，估计了领导—成员交换关系对科技创业者社交影响力与和谐型创新激情和创新自我效能感之间关系的调节作用。如果存在其中一种或两种模式，则建立有调节的中介。

根据 Hayes（2013）的有调节的中介效应的验证程序，首先对员工性别、年龄、受教育程度及工作岗位进行控制。在模型 1 中，科技创业者社交影响力与员工创新行为之间的主效应不受领导—成员交换关系的调节（$\beta = 0.116$，$p > 0.05$，$95\% \, CI = [-0.069, 0.302]$），表明直接效应不显著。从模型 2 和模型 3 可以看出，领导—成员交换关系在科技创业者社交影响力与和谐型创新激情（$\beta = 0.239$，$p < 0.01$，$95\% \, CI = [0.069, 0.409]$）和创新自我效能感（$\beta = 0.208$，$p < 0.05$，$95\% \, CI = [0.014, 0.402]$）之间起到正向调节作用，表明调节效应成立，支持了假设 H10 和假设 H11。同时，科技创业者社交影响力与和谐型创新激情（$\beta = 0.426$，$p < 0.001$，$95\% \, CI = [0.314, 0.538]$）和创新自我效能感（$\beta = 0.434$，$p < 0.001$，$95\% \, CI = [0.300, 0.569]$）之间呈积极的正相关关系，再次验证了假设 H5 和假设 H6。

通过简单斜率分析再次验证结果（见图 5-2 和图 5-3），根据图 5-2 可以得出，当领导—成员交换关系（M+1SD）较好时，科技创业者社交影响力正向影响着和谐型创新激情，simple slope = 0.665，t = 6.583，$p < 0.001$；

表 5-13 有调节的中介效应检验

变量	模型 1 （员工创新行为）			模型 2 （和谐型创新激情）			模型 3 （创新自我效能感）		
	β	se	t	β	se	t	β	se	t
constant	3.776	0.192	19.685***	3.802	0.175	21.688***	2.848	0.290	9.810***
社交影响力	0.618	0.062	9.960***	0.426	0.057	7.506***	0.434	0.068	6.351***
领导—成员交换关系	0.043	0.058	0.745	0.241	0.053	4.580***	0.191	0.061	3.136**
社交影响力×领导—成员交换关系	0.116	0.095	1.232	0.239	0.086	2.764**	0.208	0.099	2.107*
和谐型创新激情									
创新自我效能感									
性别	0.176	0.074	2.359*	0.057	0.063	0.831	0.081	0.077	1.055
年龄	-0.145	0.048	-3.052**	-0.040	0.040	-0.911	0.021	0.049	0.422
受教育程度	-0.031	0.047	-0.669	-0.074	0.045	-1.726**	-0.091	0.049	-1.877
工作岗位	-0.017	0.028	-0.598	-0.013	0.026	-0.509	-0.035	0.029	-1.197
R^2	0.234			0.204			0.247		
F	17.916***			14.970***			16.735***		

注：*表示 $p<0.05$；**表示 $p<0.01$；***表示 $p<0.001$。

而对于领导—成员交换关系较差（M-1SD）时，科技创业者社交影响力与员工和谐型创新激情之间不存在显著关系，simple slope = 0.187，t = 1.851，p>0.05，表明随着领导—成员交换关系质量的提高，科技创业者社交影响力与员工和谐型创新激情之间的相关关系呈逐渐增强趋势（见表5-14），再次验证了假设H10。根据图5-3可以得出，当领导—成员交换关系较好（M+1SD）时，科技创业者社交影响力与员工创新自我效能感呈积极的正相关关系，simple slope = 0.642，t = 5.521，p<0.001；反之，当领导—成员交换关系较差（M-1SD）时，创业者社交影响力与员工创新自我效能感之间并不存在显著关系，simple slope = 0.226，t = 1.944，p>0.05。进一步支持了假设H11。此外，由表5-14可知，在领导—成员交换关系的3个水平上，和谐型创新激情和创新自我效能感在科技创业者社交影响力与员工创新行为关系中的中介效应逐步提高，即随着领导—成员交换关系质量的提高，科技创业者社交影响力更容易通过和谐型创新激情和创新自我效能感来激发员工创新行为，假设H12和假设H13成立。

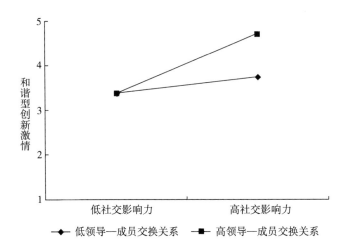

图5-2　科技创业者社交影响力与领导—成员交换关系对和谐型创新激情的交互影响

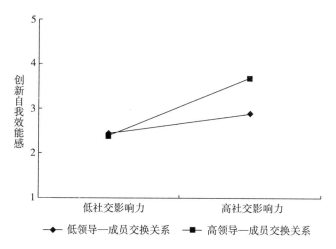

图5-3　科技创业者社交影响力与领导—成员交换
关系对创新自我效能感的交互影响

表5-14　在领导—成员交换关系不同水平上的直接效应及中介效应

	领导—成员交换关系	效应值	Boot 标准误	Boot CI 下限	Boot CI 上限
直接效应		0.326	0.060	0.209	0.443
和谐型创新激情的中介效应	3.09（M-1SD）	0.083	0.025	0.039	0.137
	3.72	0.121	0.029	0.069	0.183
	4.34（M+1SD）	0.158	0.040	0.089	0.241
创新自我效能感的中介效应	3.09（M-1SD）	0.078	0.023	0.038	0.126
	3.72	0.102	0.024	0.059	0.153
	4.34（M+1SD）	0.127	0.033	0.077	0.197

第五节　主要结论

一、本章结论

本章以80个农业科技创业团队为研究对象，对80名农业科技创业者与418名团队成员进行了实证分析，探讨了科技创业者社交影响力对员工创新行为的影响作用机制。实证检验结果得出，科技创业者社交影响力正向影响团队创新行为，和谐型创新激情和创新自我效能感中介了科技创业者社交影响力与员工创新行为之间的关系。同时，验证了领导—成员交换关系在影响效应中起到正向调节作用。基于科技创业者与团队成员的匹配数据，本章对变量进行了描述性统计分析和相关分析，初步明确了各个变量之间的关系。通过同源方差检验、信效度检验、相关性分析及跨层分析，证明本章提出的假设。表5-15总结了第五章假设的检验结果。

表5-15　第五章假设检验结果

编号	假设内容	结果
H5	科技创业者社交影响力正向影响员工和谐型创新激情	假设被支持
H6	科技创业者社交影响力正向影响员工创新自我效能感	假设被支持
H7	科技创业者社交影响力正向影响员工创新行为	假设被支持
H8	科技创业者社交影响力通过和谐型创新激情正向影响员工创新行为	假设被支持
H9	科技创业者社交影响力通过创新自我效能感正向影响员工创新行为	假设被支持
H10	领导—成员交换关系在科技创业者社交影响力与和谐型创新激情的关系中起正向调节作用	假设被支持
H11	领导—成员交换关系在科技创业者社交影响力与创新自我效能感的关系中起到正向调节作用	假设被支持
H12	领导—成员交换关系调节了和谐型创新激情在科技创业者社交影响力与员工创新行为之间的中介作用，领导—成员交换关系越好，和谐型创新激情的中介作用越强	假设被支持
H13	领导—成员交换关系调节了创新自我效能感在科技创业者社交影响力与员工创新行为之间的中介作用，领导—成员交换关系越好，创新自我效能感的中介作用越强	假设被支持

总体而言，实证研究结论总结如下：

第一，科技创业者社交影响力积极影响员工创新行为，科技创业者凭借自己强大的社交影响力，为员工指明创新方向，争取更多的关键知识和资源（唐乐等，2015），并以自身的标杆力量去影响和帮助员工进行创新，鼓励员工积极主动地参与到创新活动中去，促进员工创新行为的产生。

第二，和谐型创新激情和创新自我效能感中介了科技创业者社交影响力与员工创新行为之间的关系，科技创业者通过自己的社交影响力，激发了员工"想做"和"能做"两种内在驱动力（熊立等，2019），调动员工的和谐型创新激情和创新自我效能感，进而积极影响着员工创新行为。

第三，领导—成员交换关系在科技创业者社交影响力和和谐型创新激情及创新自我效能感之间具有积极的正向调节作用，领导—成员交换关系越好，科技创业者社交影响力对和谐型创新激情和创新自我效能感的正向影响就越强。

第四，科技创业者与员工之间的领导—成员交换关系越好，和谐型创新激情和创新自我效能感在科技创业者社交影响力与员工创新行为之间的中介效应就越强。

二、本章贡献

首先，本章基于社会影响理论，选取农业科技创业团队中的创业者和员工作为样本，来探索科技创业者社交影响力对员工创新行为的影响效应。本章将社交影响力引入科技创业领域，既丰富了社交影响力的相关研究，又拓展了社会影响理论。同时，回应了 Fang 等（2015）和 Tocher 等（2012）关于创业者社交影响力在创新创业活动中的重要性研究。

其次，本章厘清了科技创业者社交影响力对员工创新行为的影响机制。很少有学者从科技创业者自身的个人特质出发（Fang et al.，2015），研究其社交影响力对员工内在驱动力及创新行为的影响。本章从员工个体层面出发，通过实证分析得出结论，科技创业者社交影响力与和谐型创新激情和创新自我效能感呈正相关关系，也就是说，科技创业者的社交影响力有助于激发员工"想做"的和谐型创新激情和"能做"的创新自我效能感（熊立等，2019），进而促进员工创新行为。这一研究结论揭开了科技创业者社交影响力的作用"黑箱"，可以帮助人们深入认识科技创业者社交影响力的作用机制。

最后，在科技创业者社交影响力、和谐型创新激情、创新自我效能感及员工创新行为的效应影响路径中加入领导—成员交换关系这一因素，分析科技创业者与员工之间的领导—成员交换关系对这一影响过程的调节效应，为本章的研究提供了外部的实证支持，同时也表明科技创业者社交影响力对和谐型创新激情、创新自我效能感及员工创新行为的促进作用受到领导—成员交换关系的影响。

第六章
科技创业者社交影响力对
团队创新行为的影响机制

  本书的第五章根据社会影响理论，基于内在动机视角，从个体层面实证探索了科技创业者社交影响力对员工创新行为的影响效应。科技创业者借助自己的社交影响力，激发员工"想做"的和谐型创新激情和"能做"的创新自我效能感两种内在驱动力，使员工由内而发地参与创新活动。第五章通过实证检验得出，科技创业者社交影响力正向影响着员工创新行为。那么科技创业者社交影响力在整个科技创业团队中又起着怎样的作用呢？团队创新并不是每个员工个体创新的简单相加。团队创新是在领导支持、成员相互配合的创新环境中，为实现团队整体创新，团队成员形成的彼此信任、共享知识并密切协作的合作系统。团队创新的绩效应该远高于员工个体创新绩效之和，科技创业者社交影响力在这一过程中起到怎样的影响作用？科技创业者作为团队的中心成员，是团队成员交往互动中最重要的协调者。他们如何借助自己的社交影响力，增强团队成员彼此的信任度，使之自愿分享自己领域的专业知识，并积极配合其他成员，以实现团队的整体创新。本章在明晰了科技创业者社交影响力对员工创新行为影响作用机制的基础上，进一步从团队层面来探究科技创业者社交影响力对团队创新行为的影响机理。本章借鉴社会影响理论的观点，将交互记忆系统和团队心理安全引入到这一作用过程中，探讨科技创业者社交影响力对团队创新行为的影响机制和边界条件。

第一节　研究目的

面对世界新一轮科技革命和产业变革带来的机遇和挑战，综合国力的竞争已经演变成科技创新实力的较量。在此背景下，企业的自主创新是提高国家总体科技创新实力的微观元素。科技创业企业是科技创业者以其研发的科研成果、高新技术为主要投入，强调了团队人力资本的积累和运用，并追求持续创新的新型智力密集型企业（张学艳等，2020b）。科技创业团队不仅成为高新技术产业发展的领军者，还通过科学知识的输出和技术的不断突破对我国科技创新发展做出了巨大贡献，促进我国科技创新的驱动发展。当今激烈的市场竞争和快速的商业环境变化促使科技创业者成为科技创新活动的组织者和推动者（Jiang and Chen，2018）。

社会影响理论认为，个体可以通过自己的理解力和控制力，与他人进行交往互动，并成功地对他人实施社会影响，以实现自己的目标（Smyth et al.，2017）。根据社会影响理论的观点，科技创业者拥有的经验、知识和技能可能会影响其人际互动的程度和方式，从而成功地影响他人的行为。Zhao 等（2020）也证明了科技创业者个体所具有的资历和地位对其科技创业活动的重要意义。Cummings 和 Knott（2018）指出，CEO 自身拥有的知识、经验、技能等个人特质积极影响着团队创新。陈逢文等（2020）认为，创业者的个体学习模式影响着企业的创新行为。通过对上述研究的梳理可以看出，科技创业者的个人特质对团队创新行为具有积极的影响作用。那么，社交影响力作为创业过程中最关键的个人特质，在科技创业者协调和整合团队成员多元化知识，实现团队合作创新过程中起到怎样的影响作用？这引起了创业领域研究者的关注。

学者们（Fang et al.，2015；Grosser et al.，2018；Zhang et al.，2022）认为，社交影响力是创业者参与创新创业活动中表现出的最重要的个人特质，积极地影响着团队创新行为。鲜有学者探索了社交影响力在创新创业领域研究的重要性（Fang et al.，2015；Zhang et al.，2022），目前还不清楚科技创业者社交影响力的影响机理。有学者认为，科技创业者是构建团队交互记忆系统的催化剂。例如，Harrison 等（2019）提出，企业高管作为组织与外部环境的中间桥梁，需要整合其认知资源，确保组织与外部环境的匹配性。Heavey 和 Simsek（2017）认为，高管对交互记忆系统的影响作用是通过其认知资源产生的。因此，科技创业者社交影响力对团队创新行为的影响，很可能是通过交互记忆系统实现的（Heavey and Simsek, 2017）。因此，本章推测，交互记忆系统在科技创业者社交影响力与团队创新行为的关系中起到积极的促进作用。

另外，纵然科技创业者社交影响力对交互记忆系统及团队创新行为起到积极的影响作用，但在团队心理安全水平不同时，科技创业者社交影响力可能对团队交互记忆系统和团队创新行为产生不同的影响效应。因此，团队创新行为不仅受到科技创业者社交影响力和团队交互记忆系统的影响，还可能受到团队心理安全的影响。本章将探讨团队心理安全如何影响科技创业者社交影响力与交互记忆系统、团队创新行为之间的关系。本章推测，团队心理安全度较高时，交互记忆系统在科技创业者社交影响力与团队创新行为之间将起到更显著的中介作用。本章拟研究的模型如图 6-1 所示。

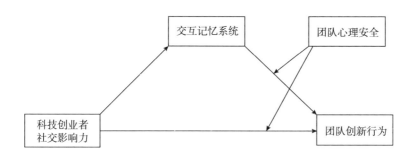

图 6-1　科技创业者社交影响力对团队创新行为的影响机制模型

第二节　假设提出

一、科技创业者社交影响力与团队创新行为

West 和 Farr（1990）对团队创新的概念进行了界定，他们认为，团队创新是指将新颖且有用的想法、程序、方法等引入到具体实践中，旨在提

高个人、团队及组织的绩效。与自上而下的变化相反，该定义强调了创新与个人、团队、组织为实现预期利益的努力尝试有关。团队创新包括创造性想法产生和创新实施两个阶段（Somech and Drach-Zahavy，2013），创造性想法产生通常是指新颖、有用的想法的产生。与团队或组织当前可用的其他想法相比，创造性想法是能短期或长期为团队或组织创造出价值的独特、有潜力的想法（Kier and McMullen，2018）。创造性想法可以与工作程序、产品、服务和组织结构相关联，并且可以根据想法反映对现状渐进或激进偏离的程度而变化。创新实施指的是将创新想法应用到最终产品或服务中的过程（Jiang and Chen，2018）。创新不仅取决于个人或团队有一个好的想法，还取决于将这个想法发展、推广及具体实施到企业实际运用中。

因此，创新需要较强的技术技能、创造性思维和强大的决心来识别和实施有用的想法。科技创业者借助其社交影响力可能更好地促进团队成员创造性思维、想法的产生和实施。由于团队绩效是由团队成员共同创造出来的（Park et al.，2020），高社交影响力的科技创业者带领团队成员通过全面审查所有想法，选择有希望的想法，并确保这些想法转化为可靠有用的结果，从而为团队创新做出贡献。也就是说，当团队成员的潜能被充分激发时，他们才会更高效地投入到想法产生、想法选择和想法实施的过程中（Kier and McMullen，2018）。这样，科技创业者可以凭借其社交影响力帮助团队激发超越团队成员和科技创业者的个人潜能。

首先，高社交影响力的科技创业者对行业领域的创新具有高度的敏锐性，能够及时掌握国家方针政策、行业创新发展趋势及市场创新需求。高社交影响力的科技创业者可能会在团队中分享更多的信息、知识和专业技能（张学艳等，2020b）。这可以更好地指导团队成员进行创新，并为他们指明方向。在此过程中，高社交影响力的科技创业者会提出团队创新期望，以自己成功的经验，为团队成员树立创新标杆，同时也可以激发团队成员参与团队创新活动的积极主动性。

其次，高社交影响力的科技创业者拥有着强大的创业网络能力。成功的创新需要多位关键参与者的密切协作，需要企业具有利用和整合科学知识创造独特市场产品的能力（Li et al.，2020）。科技创业团队创新很可能高度依赖科技创业者的这种能力，进而取得别人没有的关键知识并有效利用和整合这些知识的能力。科技创业者具有的创业网络能力有助于其与利益相关者构建网络关系、建立联盟，从而获取更多他人不具备的、有价值的知识、信息及其他关键资源（Ter Wal et al.，2020），这些知识、信息和关键资源，可以为科技创业团队的成功创新提供更多的支持和帮助，进而促进团队创新行为的提升。

再次，高社交影响力的科技创业者具有较强的人际关系影响力，他们可以通过实验、探索、沟通来激励团队成员进行创新思考与学习，鼓励团队成员之间相互沟通交流（Marvel et al.，2020），产生更多的创新想法。高社交影响力的科技创业者更容易通过理解、欣赏和支持团队成员提出的创新想法，为团队成员创造学习和发展的机会；为科技创业团队营造积极包容的创新氛围，鼓励团队成员积极挑战，帮助团队成员克服挑战失败的恐惧，进而促进科技创业团队的创新行为。

最后，高社交影响力的科技创业者擅长运用权术，他们站在员工的立场与其沟通交流，增强团队成员对其团队的信心并与其建立联系（Young-Hyman and Kleinbaum，2020）。这将有助于团队成员运用个人知识库来承担具有挑战性的创新任务。高社交影响力的科技创业者更容易获取员工的信任，通过真诚地与团队成员沟通，做好团队成员之间知识、信息及资源的协调工作（Marvel et al.，2020），增强团队成员之间的互信度与凝聚力，形成资源共享、彼此信任、相互协作的创新团队，使团队成员更有动力在创新性想法的产生、选择以及最终的想法实现中相互协作和帮助，进而产生更多的创新行为。因此，本章提出假设：

假设 H14：科技创业者社交影响力正向影响团队创新行为。

二、交互记忆系统的中介作用

交互记忆系统的概念最初是作为一种机制引入的，用于说明个人如何依赖外部辅助（如书籍、工件或小组成员）来扩展个人知识库。Wegner（1987）在长期观察同一团队成员行为的基础上，提出了交互记忆系统的概念。他发现，长期在一起工作的团队成员彼此之间构建了相互信任、从领域专家那里获得知识和信息，并进行分工协作的认知依赖系统。他认为交互记忆系统是由一组个体记忆系统和个体之间发生的沟通交流所构成

（Wegner，1987），是团队成员之间认知相互依赖的系统（Lewis，2003）。交互记忆系统理论描述了团队成员如何学习、记忆和交流信息，并为这些认知劳动进行内隐分工。这种认知劳动的分工出现在团队成员了解谁知道什么，并开始相互依赖，负责不同但互补领域的知识时相互帮助。根据成员的专业知识划分学习、记忆和交流信息的认知劳动，可以让成员加深自己的知识，并在团队任务需要时，为其他成员提供专业支持和帮助。

交互记忆系统通过有效协调不同团队成员之间的知识，也使嵌入到单个团队成员中的专业和可信知识的集成成为可能，从而增强了新的知识创造。构建交互记忆系统的团队比其他普通团队的绩效更好，交互记忆系统描述了产生团队绩效的认知和行为机制（Wegner，1987）。同时，知识基础观也认为，企业的成功源于由不同专业知识的员工构建的团队（Grant，1996）。团队中的专业知识结合在一起可以带来多种新想法和观点、考虑更多的决策选择、创造出更多的新知识（Covin et al.，2020）。在具有强大交互记忆系统的团队中，每个团队成员都是自己领域的专家，掌握着独特的专业知识，同时他们也清楚团队中其他成员的专业特长和知识（Lewis，2003）。交互记忆系统具有专业性、可信性和协调性等特点（Lewis，2003）。专业性意味着团队成员各自拥有不同的专家知识（Wegner，1987）。可信性描述了团队成员对彼此专业知识的信任和依赖（吕逸婧等，2018）。协调性是团队在团队成员之间有效协调专业知识和分布知识，并将特定任务委托给最有能力完成任务的成员的能力。Dai 等（2016）结合知识观和认知观的观点提出，交互记忆系统是一种团队认知机制，对各团队层面和组织层面的创新具有积极影响作用，包括团队创造力、团队创新、组织双元创新和组织创新（Dai et al.，2016；Heavey and Simsek，2017）。在成熟且强大的团队交互记忆系统中，团队成员各自拥有专业可靠的知识，并拥有积极影响团队增加和维护差异化知识库的能力。与此同时，交互记忆系统可以集合成员的专业知识，进而增强了团队新知识的创造能力。

借鉴社会认知理论的三元互惠决定论的观点，个体的社会认知是其对外部社会刺激的加工与处理，个体的行为受到外部社会环境和个体认知的共同影响（Schunk and Usher，2019）。其中，观察学习是社会认知理论的重要组成部分。社会认知理论认为，个体行为可以理解为，观察者通过视觉和言语符号展示出被观察者的示范活动并实现记忆，然后加工处理记忆中的表象符号，最终转换为外显的个体行为。根据社会认知理论，科技创业者社交影响力对团队创新行为的影响过程，可能是团队成员在受到外部创新环境和科技创业者成功经验的双重影响下，通过观察学习科技创业者及其他团队成员的知识和经验形成记忆，并对记忆中的知识信息进行加工处理，转变为团队创新行为。在其转化过程中，团队成员在科技创业者社交影响力的影响下，构建了强大的交互记忆系统，并影响着团队创新行为。

在科技创业团队交互记忆系统结构中，科技创业者作为中心成员扮演着过程催化剂的角色，促进团队工作的高效完成。科技创业团队的交互记忆系统及其所包括的知识分化和整合能力，是激发科技创业团队创新行为的重要机制。团队创新是一个社会过程，需要成员之间相互依赖的协作（Li et al.，2020）。科技创业者通过使用交互记忆系统与创业团队成员建立联系，在不同职能上传递不同的知识结构来鼓励分工协作（Zellmer-Bruhn et al.，2021）。从人力资本理论来看，创业团队成员是具有不同且互补的知识、能力和技能的人力资本，科技创业者可以根据团队成员的专长，将团队成员与适合的任务匹配起来（张学艳等，2020b）。科技创业者在这个过程中充当着重要的沟通协调者角色，帮助团队整合已有知识并创造出新的集体知识。

首先，科技创业者充分利用自己的环境敏锐性和人际关系影响力，识别出创业团队成员的专长，对团队成员与专业领域知识进行高效匹配，充分发挥团队成员的人力资本价值（Marvel et al.，2020）。其次，团队内部的信任有助于团队成员之间保持一定的认知冲突，同时最小化可能的情感冲突。科技创业者通过权术运用，减少团队成员之间的矛盾和沟通障碍，促进团队成员之间的互动交流，增强团队成员之间的分工与协作。科技创业者本身就具有较强的科技研发能力，高社交影响力的科技创业者可以通过团队专业知识的分化与整合，促进团队成员之间进行更多的交流与合作，从而增强团队成员之间的相互信任度，同时也使团队成员之间的冲突得以减少（Lvina et al.，2018）。最后，团队熟悉度积极影响着交互记忆系统。团队熟悉度指的是由于之前的经历或互动，团队成员之间相互熟悉或了解的程度。科技创业团队成员通常更关注自己专业领域的发展和专业技术的提升，较少与其他成员交往或互动，此时就需要创业者利用自己的人际关系影响和创业网络能力来协调团队成员的关系，增加团队成员之间的熟悉度，进而提高团队成员之间的协调性。因此，本章提出如下假设：

假设 H15：科技创业者社交影响力正向影响交互记忆系统。

知识基础观认为，企业成功的基础在于由不同专业知识的员工组成的团队（Grant，1996）。不同的专业知识结合起来可以产生更多新想法，也会产生更多的决策选择，并创造出新的知识（Covin et al.，2020），所有这些最终都会产生更多的创新行为。因此，具有专业知识的团队可以成为团队创新活动的重要驱动力（Dai et al.，2016）。然而，与任何组织资源一样，知识不仅存在，还要适当地使用才能创造出价值。换句话说，个人的专业知识不会自动转化为创新行为（De Clercq et al.，2013）。因此，知识基础观认为，组织的基本任务是协调许多专家的工作。在此背景下，笔者认为，团队创新行为取决于管理团队整合和利用专业知识资源的能力（De Clercq et al.，2013）。强大的交互记忆系统可以促进创业者有效管理团队并以创业方式行事。Dai 等（2016）在不同的研究背景（新创业团队）中支持这一观点，表明交互记忆系统可以成为新创业企业团队创新行为的基础。

科技创业依赖于知识，为了进行创新创业，科技创业企业需要整合现有知识并创造新知识（De Clercq et al.，2013）。知识基础观（Grant，1996）认为，组织受益于其成员持有的广泛而多样的知识基础，创业学者也认为知识专业化，即由专业领域不同的个人组成的团队，能够促进创新行为。然而，仅拥有（知识）资源是不够的，科技创业团队如何使用这些资源的问题同样重要。假设拥有强大交互记忆系统的团队是一个共享的专业知识系统，对谁知道什么有共同的理解（Lewis，2003；Wegner，1987）。那么，笔者预测，科技创业者可以通过自己的社交影响力，挖掘出团队成员的各自专业特长，形成彼此信任、分工合理、相互协作的积极团队互动模式，进而构建强大的交互记忆系统。

交互记忆系统可以积极促进团队创新行为。强大的交互记忆系统的专业性使团队能够快速、协调地获得专业知识（Lewis，2003）。这使团队的能力超过员工个体的总和，从而在团队创新行为的所有阶段增强知识创造和创新能力。在创造性想法产生阶段，专业性是有益的，因为来自不同领域的各种专业知识可以使人们认识到更多单个个体可能忽视的、有希望的创造性想法。由来自不同领域的专家组成的团队汇集了对环境的不同解释，从而能够对创造性想法进行更专业和深入的评估（Heavey and Simsek，2017）。在创新实施阶段，多样化的专业知识为创造性想法的实施提供了更多可能的途径，从而提高了某些路径和活动的可行性（De Clercq et al.，2013）。

此外，交互记忆系统的可信性和协调性构成了团队创新行为的基础。由于知识的有效协调和团队成员对彼此专业知识的信任，团队成员在各自特定的知识领域享有更多的个人自主权。在创造性想法产生阶段，共同的认知劳动使认知自由度更高，因此，交互记忆系统中每个成员的认知负荷降低（Heavey and Simsek，2017），可能有助于团队持续审视环境，并更新组织可能的创新活动备选方案（Dai et al.，2016）。强大的交互记忆系统内的相互协调和依赖可能支持风险更大的创新行为以及与外部团队进行更强大、更积极的竞争。在创造性想法实施阶段，更准确地了解其他团队成员掌握的专业知识并依赖他们的知识（Dai et al.，2016），使团队能够预防冲突，促进协作讨论和积极决策，进而将创造性想法发展、推广并应用到最终产品或服务中（Jiang and Chen，2018）。另外，随着科技创业企业规模的增大，团队任务变得更加复杂，团队成员之间必须利用彼此互补的知识合作完成团队任务，对原有的知识进行整合和激活，催生出新的团队创新；同时也为团队带来更多的信息和知识，提升团队成员创造性解决问题的能力（Argote et al.，2018），进而激发团队创新行为。由此，本章提出如下假设：

假设 H16：交互记忆系统正向影响团队创新行为。

依靠合适的中间媒介，科技创业者社交影响力对于团队创新行为的作用才能有效实现，交互记忆系统可能在这一作用机制中起到中介作用。科技创业者通过自己的社交影响力为团队成员指明创新方向，提供关键的创新资源（肖宇佳、潘安成，2018），以支持和帮助团队成员的创新行为。在科技创业者社交影响力与团队创新行为之间的关系中，交互记忆系统起着积极促进作用。交互记忆系统的特点是知识的专业性、可信性和协调性

（Kollmann et al.，2020）。在成熟的交互记忆系统结构中，每个团队成员都是自己领域的专家，并且也清楚其他成员的专业特长和知识（Lewis，2003）。在科技创业团队中要建立这种强大的交互记忆系统，需要科技创业者具有强大的网络能力和人际关系影响力，为团队成员营造彼此信任、了解并主动与他人分享协作的团队合作创新氛围。因此，本章提出如下假设：

假设 H17：交互记忆系统中介了科技创业者社交影响力与团队创新行为之间的正向关系。

三、团队心理安全的调节作用

心理安全的研究最早源于 20 世纪 60 年代。Schein 和 Bennis（1965）认为，心理安全可以激发个体从事创新、接受挑战性任务的积极性和主动性。Kahn（1990）对心理安全进行了界定，解释了影响个体行为的关键机制。他认为，心理安全是团队成员对自己在与人交往过程中产生的人际风险安全度的共同信念（Vandekerkhof et al.，2018），团队成员在工作环境中相信自己可以自由发言、发表意见、分享观点和承担风险，不用担心受到惩罚或被拒绝。团队心理安全是指团队成员对工作中人际关系冒险行为的安全度的共同看法（Edmondson，1999）。这些行为包括挑战现状、直言不讳、与他人意见相左（Miao et al.，2019）。心理安全是个人采取行动的决定性因素。心理上感到安全的团队成员更开放、自由地在团队工作情境中与其他成员进行相互沟通（Tang et al.，2021）。团队心理安全营造了一种团队氛围，可以有效减轻个体对其他成员反应的担忧。在人际信任和相互尊重的团队氛围中，团队成员可以做自己想做的事情。同时，心理安全也是一种观念，是个体在充分展示自己时，不用担心自己的地位、晋升或自我形象受损的观点和信念。

在科技创业企业中，科技创业团队必须适应不断变化的环境，每天应对许多新的挑战。受到这种环境的影响，团队成员之间也会产生一定的矛盾与冲突。此时，心理安全的氛围对于团队创新行为至关重要。有学者提出，团队心理安全的一个关键前因是 CEO 的个人特质和领导行为。例如，Miao 等（2019）指出，CEO 的领导行为是培养团队心理安全的一个关键前因，他们通过展示自己的领导行为，如鼓励下属参与创新活动，为团队成员营造一种畅所欲言并尝试新事物的氛围，进而促进团队成员的心理安全。领导的开明、随和、尽责有助于员工心理安全感的构建，领导的言行和反应也会对团队成员的心理安全感知产生影响。作为科技创业团队的最高领导者，其个人特质尤其是社交影响力，与团队心理安全共同作用，影响着团队创新行为。当团队心理安全度较高时，科技创业者借助其社交影响力，能更好地与团队成员互动，科技创业者的创新标杆作用更强，团队成员之间更容易形成知识共享、相互信任的创新氛围。高社交影响力的科技创业者借助自己强大的人际关系影响力，鼓励团队成员参与具有挑战性的创新活动和他们自己角色塑造的创新行为。同时，高社交影响力的科技创业者为团队成员创造了一种可以畅所欲言、尝试新事物的环境。科技创业者的这种政治行为对团队成员的激励和支持效果越好，团队成员越愿意承担具有挑战性的创新任务，积极参与团队创新活动（Miao et al.，2019）。

反之，当团队心理安全度较低时，科技创业者展现出的社交影响力会让团队成员产生逃避甚至抵触心理，他们确信科技创业者提出的创新想法是很有价值的，但因缺乏心理安全感，他们会拒绝接受挑战性的创新任务，担心失败后的负面后果（Park et al.，2020）。如果团队成员会因创新试验失败而可能受到惩罚的话，那么他们就不会去尝试创新。在这种氛围下，员工的主动倾向和自愿性会受到抑制，他们对团队创新行为的态度也会变得被动。当缺乏心理安全时，团队成员充其量可能以按部就班的方式履行自己的工作职责，降低团队创新活动的参与度，减少团队创新行为（Deng et al.，2019）。因此，本章提出如下假设：

假设 H18：团队心理安全正向调节了科技创业者社交影响力与团队创新行为之间的关系。

团队心理安全反映了团队成员对人际交往安全感知的共同信念。较高的团队心理安全感知为团队成员的创新行为创造了良好的团队环境，营造出一种人际信任和相互尊重的氛围，在这种氛围中，每个观点都得到尊重，使团队成员感受到了平等和重视（Tang et al.，2021）。团队心理安全影响着团队成员之间的合作、沟通和知识共享等，对于促进可能产生的团队创新行为和绩效的过程至关重要。Edmondson（1999）指出，团队成员在感知到团队环境是安全时，他们才会为团队创新活动投入更多的努力和精力。

团队成员是否愿意将自己独有的知识和资源分享给其他人，取决于他们感知到的心理安全程度。交互记忆系统要求团队成员之间要做到知识共享、彼此信任、相互协作地去完成团队任务（Kollmann et al.，2020），那么团队就需要较高的团队心理安全氛围。

首先，强大的交互记忆系统要求团队成员在了解自己和他人专业特长的基础上，将自己的专业知识和经验分享给其他成员，这样团队成员就要面临一定的风险，自己具有的工作优势就会受到威胁。当团队心理安全度较高时，团队成员才会无所顾忌地把自己掌握的专业知识和经验分享给其他成员，与其他成员共同参与团队创新活动（Miao et al.，2019）；反之，当团队心理安全度较低时，团队成员可能会选择隐藏自己的专长，以敷衍了事的方式履行工作职责，对团队创新参与度也会随之减弱。

其次，强大的交互记忆系统要求团队成员完全信任其他成员的专业知识，较高的团队心理安全氛围为团队成员建立这种彼此信任创造了条件。团队心理安全程度也是团队成员人际关系情况的表现。高的团队心理安全感知，有助于团队形成彼此信任的人际关系氛围。在这种彼此信任的良好人际关系氛围下，团队成员相互了解彼此的专业分布，会基于各自的专长，主动提出新想法、指出他人的错误及积极寻求其他成员的帮助，以形成更多的创新想法和解决方案（黄海艳、武蓓，2016）。当团队心理安全度较低时，团队成员之间很难建立较高的信任度，彼此之间的人际关系也会相对较差，团队成员可能会降低彼此间的沟通频率，并且因顾虑人际关系问题很难指出他人的错误，可能还会影响他们的知识分享行为。

此外，交互记忆系统要求在相互了解并信任其他成员的专业知识的基础上进行分工协作（Kollmann et al.，2020），较高的团队心理安全感知有助于团队成员更信任彼此的专业知识，也会有更顺畅的交流与沟通，这将有助于团队开展各项创新活动；反之，当团队心理安全度较低时，团队成员彼此间进行沟通时，会更多考虑这种沟通行为是否会产生人际风险的负面影响，团队成员的这种担忧和考虑会影响他们之间的有效协作（Yang et al.，2020），对团队创新行为产生负向影响效应。

综上所述，当科技创业团队心理安全度较高时，交互记忆系统的效能能够得以充分发挥，进而产生更多的团队创新行为。当科技创业团队心理安全度较低时，交互记忆系统的效能会受到抑制，进而削弱团队创新行为。因此，本章提出假设：

假设 H19：团队心理安全正向调节了交互记忆系统与团队创新行为之间的关系。

根据以上所述，科技创业者的社交影响力通过交互记忆系统对团队创新行为起着积极的影响作用。在这一影响作用机制中，还要考虑充分的边界条件，因为科技创业者的社交影响力可能推动重要成果的积累，也可能阻碍重要成果的积累。例如，有学者提出，创业者不恰当的团队管理行为，可能会对团队任务的完成起到消极作用（张学艳等，2020b）。在此讨论的基础上，笔者期望那些拥有较高社交影响力的科技创业者能够为团队成员营造出开放、包容、平等互动的团队环境，以增强团队成员的心理安全感（Vandekerkhof et al.，2018），随着团队成员的心理安全的提升，交互记忆系统的效用才能更有效地发挥，提升团队成员知识和信息的共享与整合能力，进而激发团队创新行为。因此，本章进一步推测，团队心理安全度越高，科技创业者社交影响力通过团队交互记忆系统进而对创新行为产生影响的效应（间接效应）就越强，由此提出如下假设：

假设 20：团队心理安全越高，交互记忆系统在科技创业者社交影响力与团队创新行为之间起到的中介作用就越强。

第三节　研究方法

一、数据收集

本章的样本数据来源与第五章一致，样本主要选自北京、上海、苏州、郑州四个城市，主要集中于农用机械、农业技术服务、农作物育种、农业种植等行业。采用现场问卷和电子问卷两种调查方式，对农业科技创业者和员工的配套问卷进行发放与回收。农业科技创业者完成对农业科技创业者社交影响力和团队创新行为评价，并填写关于创业者的性别、年龄、受教育程度等个人信息，以及农业科技创业团队成立时间、规模、行业及企业类型。员工对交互记忆系统和团队心理安全进行自我评价，并填写个人信息，包括性别、年龄、受教育程度及工作岗位。对每一个团队进行编码，以确保农业科技创业者数据和员工数据的匹配。最终确定了80个农业科技创业团队，包括80个农业科技创业者数据和418份员工数据。相关内容第五章已有提及，此处不再赘述。农业科技创业者与团队员工的样本基本分布情况可参见第五章中的表5-1和表5-2。

二、变量测量

本章对农业科技创业者社交影响力的测量采用的是自主开发编制的量表，其他变量的测量量表都是借鉴国外著名学者开发的经典成熟量表，并根据中国科技创业的具体情境进行修改和完善，以适合中国科技创业情境，使测量量表具有良好的信度和效度水平。各变量的测量问卷均由农业科技创业者及其团队成员亲自填写完成，本研究采用 Likert-5 量表进行测量，即"1=非常不同意，5=非常同意"。

（一）科技创业者社交影响力

关于农业科技创业者社交影响力的测量，采用本研究第四章自主编制的 14 条目创业者社交影响力量表，包括 4 个维度，分别是环境敏锐、创业网络能力、人际关系影响和权术运用。测量条目分别为 3 个、3 个、4 个、4 个。具体测量题项如表 6-1 所示。

表 6-1　科技创业者社交影响力测量量表

编号	测量题项	类别
PS1	创业者具有敏锐的洞察力，能够及时把握创业机会	环境敏锐
PS2	创业者时刻关注国家政策、行业前景及发展趋势	
PS3	创业者具有很强的市场预判能力	
PS4	为了实现创业成功，创业者需要通过多种渠道、多种方式与可以合作的利益相关者建立关系网络	创业网络能力
PS5	创业者擅长与政府、客户、供应商、金融机构等重要合作者建立良好的关系以获取信息和资源	
PS6	创业者与利益相关者建立了强大的关系网络，并擅长运用自己的关系网络实现创业资源的获取与整合	

续表

编号	测量题项	类别
PS7	创业者在创业中构建关系网来影响利益相关者的能力很强	
PS8	创业者能很轻松地与利益相关者建立密切的关系	人际关系影响
PS9	有时创业者像个演员，以不同的角色与利益相关者打交道	
PS10	创业者擅长让周边的创业伙伴和利益相关者喜欢自己	
PS11	创业者擅长站在利益相关者的立场上"换位思考"	
PS12	与创业伙伴和利益相关者沟通时，创业者会在言语和行为上表现得很真诚	权术运用
PS13	让利益相关者相信创业者是一个言行一致的人很重要	
PS14	创业者应该灵活运用各种方法，使利益相关者相信自己是个真诚可信的人	

（二）团队创新行为

团队创新行为借鉴 Anderson 和 West（1998）编制的单维度量表，具体包括 4 个测量条目。代表性测量题项如，"我们团队常常提出或实施新的观点来提高和完善产品或服务的质量""我们团队常常探索提升和改善产品、流程或服务的新方法或新方式""我们是一个具有创新性的团队"等，具体测量题项如表 6-2 所示。

表 6-2　团队创新行为测量量表

项目	测量题项
TIB1	我们团队常常提出或实施新的观点来提高和完善产品或服务的质量
TIB2	我们团队常常探索提升和改善产品、流程或服务的新方法或新方式
TIB3	我们团队经常研发出新的产品、服务或流程
TIB4	我们是一个具有创新性的团队

（三）交互记忆系统

交互记忆系统借鉴 Lewis（2003）、Heavey 和 Simsek（2017）开发的 15 条目测量量表，具体包括 3 个维度，分别是专业性、可信性及协调性。3 个维度分别由 5 个题项来测量。代表性测量题项如，"每个团队成员都掌握着团队任务需要但他人不擅长的某些专业特长""我非常信赖其他成员拥有的关于团队任务的相关知识""我们团队对如何完成任务不会感到迷茫和混乱"等，具体测量题项如表6-3所示。

表6-3　交互记忆系统测量量表

项目	测量题项	测量维度
TMS1	我们每个成员都拥有关于团队任务的相关专业知识	专业性
TMS2	每个团队成员都掌握着团队任务需要但他人不擅长的某些专业特长	
TMS3	每个团队成员都在自己承担的团队任务方面具有专业特长	
TMS4	每个团队成员具有的专业特长与知识都是服务于团队任务的	
TMS5	我了解团队成员在具体方面的专长	
TMS6	我非常愿意接受同事们给我提出的合理化建议	可信性
TMS7	我非常信赖其他成员拥有的关于团队任务的相关知识	
TMS8	团队讨论时，其他成员提供的信息都是真实可靠的	
TMS9	当团队成员提供信息时，我不用再检查确认	
TMS10	我认为其他成员拥有的专业知识是值得信赖的	
TMS11	我们的工作团队合作协调性很好	协调性
TMS12	我们的团队在工作中有比较明确的分工	
TMS13	我们团队在工作时不会重复做已经做过的工作	
TMS14	我们团队能够经常高效、迅速地完成团队任务	
TMS15	我们团队对如何完成任务不会感到迷茫和混乱	

（四）团队心理安全

本章借鉴 Edmondson（1999）编制的 7 条目单维度量表对团队心理安全进行测量。代表性测量题项如，"团队成员通常不会因为犯了错误而产生消极影响""向团队中其他成员寻求帮助并不困难""与团队成员合作，我的独特技能和才能能够得到重视和利用"等。具体测量题项如表 6-4 所示。

表6-4　团队心理安全测量量表

项目	测量题项
TPS1	团队成员通常不会因为犯了错误而产生消极影响
TPS2	针对错误或棘手的问题，团队成员敢于提出来

项目	测量题项
TPS3	团队成员不会因为"道不同"而拒绝别人
TPS4	在团队中冒险是安全的
TPS5	向团队中其他成员寻求帮助并不困难
TPS6	团队成员都不会故意破坏其他成员的努力
TPS7	与团队成员合作，我的独特技能和才能能够得到重视和利用

三、分析处理

本章使用的统计分析工具主要有 SPSS 25.0、AMOS 23.0、HLM 7.02、SPSS PROCESS 宏程序及 Bootstrap 分析法。

针对科技创业者社交影响力对团队层面的影响效应，本章将使用回归分析方法进行验证。首先，使用 SPSS 25.0、AMOS 23.0 和 HLM 7.02 计算各个研究变量的信效度、聚合统计指标、描述性信息和相关矩阵等。其次，遵循 MacKinnon（2008）的四步程序来建立中介效应。最后，检验这一中介影响效应是否受到外部情境变量的调节作用。有调节的中介效应通常是用来检验中介影响效应的高低是否取决于调节变量的值。本章采用 Hayes（2013）的 PROCESS macro（Model 14）进行检验。所有连续变量均标准化，交互项由这些标准化得分计算。此外，采用 Bootstrap 方法检验所有影响的显著性，以获得参数估计的标准误差（Hayes，2013）。Bootstrap 方法从 5000 个重复采样数据中产生这些效应的 95% 偏差校正置信区间。不包括零的置信区间表示显著的影响。

第四节　实证结果

一、信效度分析

（一）信度分析

表 6-5 报告了各变量测量量表的信度。由表 6-5 可以看出，科技创业者社交影响力、交互记忆系统、团队心理安全、团队创新行为的 α 系数分

别为 0.910、0.920、0.918、0.860，四个研究变量的 α 系数均高于 0.8，说明四个研究变量的测量量表的信度较好。

表 6-5　研究变量的信度分析

变量	问卷题号	题项数	Cronbach's α
社交影响力（PS）	PS1-PS5	14	0.910
交互记忆系统（TMS）	TMS1-TMS4	15	0.920
团队心理安全（TPS）	TPS1-TPS7	7	0.918
团队创新行为（TIB）	TIB1-TIB4	4	0.860

（二）效度分析

效度分析可以确保样本数据结果的可靠性，主要通过测量量表的构思效度、聚合效度和区别效度来保证问卷结果的效度。本章采用探索性因子分析法，检验了各测量量表的聚合效度，采用组合信度（CR）和平均变异量（AVE），来检验各研究变量的构思效度与区别效度。

首先，采用探索性因子分析法对每个研究变量的测量题项进行检验得出，科技创业者社交影响力、交互记忆系统、团队心理安全、团队创新行为量表的 KMO 值分别为 0.881、0.926、0.930、0.809，都超过了 0.7，在 $p<0.001$ 的水平上显著，表明可以做因子分析。通过对科技创业者社交影响力、交互记忆系统、团队心理安全、团队创新行为量表的测量题项进行因子分析，得到了特征值大于 1 的因子，4 个变量得到的因子共解释的总变异分别为 73.37%、66.22%、67.18%、70.66%（见表 6-6），说明 4 个研究变量的聚合效度都相对较高。其次，从表 6-6 可以看出，科技创业者社交影响力、交互记忆系统、团队心理安全、团队创新行为的组合信度分别为 0.938、0.933、0.935、0.905，都超过了 0.7，说明各研究变量的构思效度都相对较高。最后，提取科技创业者社交影响力、交互记忆系统、团队心理安全、团队创新行为的 AVE 平方根，4 个变量的 AVE 值分别为 0.634、0.541、0.708、0.722，都超过了 0.5，各研究变量的解释变异量

都比测量误差对其的解释变异量要高，说明各研究变量的区别效度都相对较高。

以上结果均展示在表6-6中，笔者发现，科技创业者社交影响力、交互记忆系统、团队心理安全、团队创新行为的KMO值在0.809~0.930，超过了0.7，总方差解释率都超过了66.22%，说明各研究变量量表的聚合效度相对较高。科技创业者社交影响力、交互记忆系统、团队心理安全、团队创新行为的组合信度在0.905~0.938，超过了0.7，说明各研究变量的构思效度相对较高。科技创业者社交影响力、交互记忆系统、团队心理安全、团队创新行为的AVE值介于0.541~0.722，都超过了0.5，说明各研究变量的解释变异量都比测量误差对其的解释变异量要高，表明各研究变量的区别效度相对较高。由此可以得出，本章各变量使用的测量量表的效度都较为理想。

表6-6　研究变量的效度分析

变量	题项	因子载荷	解释方差（%）	组合信度	AVE	变量	题项	因子载荷	解释方差（%）	组合信度	AVE
社交影响力	PS1	0.817	73.37	0.938	0.634	交互记忆系统	TMS1	0.726	66.22	0.933	0.541
	PS2	0.817					TMS2	0.746			
	PS3	0.752					TMS3	0.734			
	PS4	0.746					TMS4	0.755			
	PS5	0.798					TMS5	0.719			
	PS6	0.835					TMS6	0.740			
	PS7	0.691					TMS7	0.751			
	PS8	0.727					TMS8	0.729			
	PS9	0.857					TMS9	0.774			
	PS10	0.518					TMS10	0.767			
	PS11	0.768					TMS11	0.787			
	PS12	0.774					TMS12	0.777			
	PS13	0.826					TMS13	0.773			
	PS14	0.752					TMS14	0.688			
							TMS15	0.748			

变量	题项	因子载荷	解释方差（%）	组合信度	AVE	变量	题项	因子载荷	解释方差（%）	组合信度	AVE
团队心理安全	TPS1	0.876	67.18	0.935	0.708	团队创新行为	TIB1	0.797	70.66	0.905	0.722
	TPS2	0.823									
	TPS3	0.824					TIB2	0.865			
	TPS4	0.776									
	TPS5	0.881					TIB3	0.885			
	TPS6	0.756					TIB4	0.812			
	TPS7	0.792									

二、聚合统计分析

本章遵循 Klein 和 Kozlowski（2000）提出的多层次构思聚合的理论要求，并依据 Wang 和 Howell（2010）的操作方法，将交互记忆系统和团队心理安全的个体层面数据聚合到团队层面。

根据团队评价者评分一致性检验标准 Rwg>0.7 的要求，使用 SPSS 计算出 Rwg 的值，参照 Bliese 和 Halverson（1998）提出的组内一致性（ICC）的检验方法，按照团队间变异信度 ICC（1）>0.12、团队间变异信度 ICC（2）>0.60 的检验标准，使用 SPSS 计算出 ICC（1）和 ICC（2）的值。如果 Rwg、ICC（1）、ICC（2）的值符合上述检验标准，就说明个体层面的数据可以聚合到团队层面。

计算交互记忆系统、团队心理安全的 Rwg、ICC（1）、ICC（2）值，三个值均达到聚合标准（见表6-7）。故而，两个变量可以聚合到团队层面。

表6-7　团队层面数据聚合检验结果

变量	Rwg	F	ICC（1）	ICC（2）
交互记忆系统	0.96	5.89***	0.48	0.83
团队心理安全感	0.93	5.84***	0.48	0.82

注：*表示 p<0.05；**表示 p<0.01，***表示 p<0.001。

三、描述性统计与相关性分析

表6-8展示了本章使用的所有控制变量、自变量、中介变量、因变量和调节变量的均值、标准差以及变量间的相关关系。科技创业者社交影响力（r=0.499，p<0.01）、交互记忆系统（r=0.615，p<0.01）、团队心理安全（r=0.407，p<0.01）都正向影响团队创新行为。科技创业者社交影响力（r=0.491，p<0.01）与交互记忆系统呈正相关关系。此外，团队规模（r=−0.250，p<0.05）负向影响着团队创新行为，说明不同规模的科技创业企业对其团队创新行为的影响不同。科技创业者受教育程度（r=−0.250，p<0.05）负向影响科技创业者社交影响力，表明科技创业者受教育程度不同，其社交影响力也存在着差异。

四、同源方差检验

本章的样本数据是由农业科技创业者和团队员工自我报告的，因此，收集的样本数据可能会受到同源方差的影响。参照 Richardson 等（2009）的方法，本章在问卷发放、问卷收集、统计验证 3 个阶段使用 3 项措施来尽可能避免共同方法偏差问题。第一阶段：问卷发放。调研者从不同地区、不同行业、不同性质的科技创业企业中，选取科技创业者作为被访对象。第二阶段：问卷收集。明确告知被访者调研结果仅用于科技研究，均为匿名填写，没有对错之分，被访者如实填写即可。第三阶段：数据检验。使用 Harman 单因素分析法，对收集的数据进行同源方差检验，得到最大因子解释率为 34.57%，小于 50% 的标准，说明本章收集的样本数据不存在严重的同源方差问题。

五、多重共线性检验

遵循多重共线性检验标准，对样本数据进行多重工作线性检验。首先，通过对各研究变量进行相关性分析得出，变量间的相关系数最大值为0.615（见表6-8）。根据邱皓政（2006）对变量间相关系数的划分，0.40≤｜r｜<0.69 为中度相关。初步说明线性回归模型中的各个解释变量之间不存在多重共线性关系。其次，使用 SPSS 25.0 对各解释变量进行共

表6-8 变量的描述性统计分析和相关系数矩阵

变量	均值	标准差	1	2	3	4	5	6	7	8	9	10	11
1. L.性别	1.350	0.480	1.000										
2. L.年龄	2.600	0.908	-0.052	1.000									
3. L.受教育程度	2.475	0.871	-0.282*	0.339**	1.000								
4. 团队成立时间	2.175	1.065	-0.072	0.217	0.455**	1.000							
5. 团队规模	2.363	1.046	-0.079	0.101	0.142	0.306**	1.000						
6. 所属行业	2.688	1.186	-0.006	-0.200	-0.222*	0.014	-0.203	1.000					
7. 企业类型	3.375	1.184	0.345**	-0.271*	-0.371**	-0.304**	-0.080	0.075	1.000				
8. 社交影响力	3.402	0.612	0.127	-0.111	-0.250*	-0.045	-0.105	0.168	0.121	1.000			
9. 交互记忆系统	3.651	0.424	0.033	-0.102	0.125	-0.081	-0.120	-0.025	0.003	0.491**	1.000		
10. 团队心理安全	3.668	0.518	0.203	-0.163	0.124	0.070	-0.134	0.143	0.022	0.078	0.193	1.000	
11. 团队创新行为	3.431	0.703	0.091	-0.173	0.070	0.059	-0.250*	0.141	-0.003	0.499**	0.615**	0.407**	1.000

注：* 表示 p<0.05；** 表示 p<0.01；*** 表示 p<0.001。

154

线性诊断得出，方差膨胀因子（VIF）最大值为 1.360，VIF 值小于 10，说明线性回归模型中的研究变量之间并不存在严重的多重共线性。

六、回归结果

本章模型的中介效应与调节效应检验，将使用 Hayes（2013）开发的 SPSS PROCESS 宏程序（3.0）进行验证。PROCESS 宏程序是基于普通最小二乘回归的原理，根据回归分析的思路，解释了检验假设的过程，包括这些假设的因果条件，因果作用的机理以及这种机理的调节作用，并展示了如何估计和解释直接效应、间接效应和调节效应（Hayes，2013）。

（一）直接效应和中介效应检验

首先，本节将参照 MacKinnon（2008）建立的中介效应检验步骤来验证科技创业者社交影响力对团队创新行为的影响效应。①建立自变量科技创业者社交影响力与因变量团队创新行为之间的总效应，验证科技创业者社交影响力与团队创新行为呈正相关关系；②建立自变量科技创业者社交影响力与中介变量交互记忆系统的直接影响，验证科技创业者社交影响力和交互记忆系统之间存在显著相关关系；③建立中介变量交互记忆系统与因变量团队创新行为之间的关系，在控制科技创业者社交影响力的同时，交互记忆系统和团队创新行为仍然显著相关；④进一步验证，在科技创业者社交影响力和团队创新行为之间中介路径上存在显著影响。其次，运用 Bootstrap 中介检验分析法来判定是否达到要求。

交互记忆系统在科技创业者社交影响力与团队创新行为关系之间的中介效应检验分析，采用 Hayes（2013）的 PROCESS macro（Model 4）进行。首先，对变量 L 性别、L 年龄、L 受教育程度、团队成立时间、团队规模、所属行业、企业类型进行控制。其次，按照 MacKinnon（2008）提出的中介效应检验步骤进行验证。①对科技创业者社交影响力与团队创新行为之间的总效应进行检验。由表 6-9 中的模型 1 得出，科技创业者社交影响力与团队创新行为呈正相关（$\beta = 0.592$，$p < 0.001$，95% CI = ［0.369，0.851］），支持了假设 H14。②对科技创业者社交影响力对交互记忆系统的直接效应进行检验。由表 6-9 中的模型 2 得出，科技创业者社交影响力与交互记忆系统呈正相关关系（$\beta = 0.394$，$p < 0.001$，95% CI = ［0.257，0.530］），

表6-9 中介效应检验

变量	模型1（团队创新行为）			模型2（交互记忆系统）			模型3（团队创新行为）		
	β	se	t	β	se	t	β	se	t
自变量									
常量	1.364	0.643	2.120*	2.263	0.394	5.749**	-0.301	0.701	-0.430
社交影响力	0.592	0.112	5.289***	0.394	0.068	5.754***	0.302	0.122	2.479*
中介变量									
交互记忆系统							0.736	0.174	4.218***
控制变量									
L.性别	0.149	0.150	0.988	0.053	0.092	0.572	0.110	0.135	0.810
L.年龄	-0.159	0.079	-2.013*	-0.069	0.048	-1.428	-0.108	0.072	-1.502
L.受教育程度	0.237	0.097	2.450	0.196	0.059	3.314**	0.093	0.093	0.992
团队成立时间	0.034	0.075	0.454	-0.078	0.046	-1.694	0.091	0.069	1.326
团队规模	-0.149	0.068	-2.190	-0.022	0.041	-0.535	-0.132	0.061	-2.163
所属行业	0.022	0.060	0.368	-0.024	0.036	-0.650	0.039	0.054	0.733
企业类型	-0.031	0.064	-0.478	-0.013	0.039	-0.327	-0.021	0.058	-0.367
R	0.621			0.608			0.714		
R^2	0.386			0.370			0.510		
F	5.573***			5.207***			8.102***		

注：* 表示 $p<0.05$；** 表示 $p<0.01$；*** 表示 $p<0.001$。

支持了假设 H15。③对交互记忆系统与团队创新行为的关系进行检验。由表 6-9 中的模型 3 得出，自变量科技创业者社交影响力被控制时，交互记忆系统正向影响团队创新行为（β=0.736，p<0.001，95%CI＝［0.388，1.084］），支持了假设 H16。④采用百分位数偏差校正的 Bootstrap 方法，检验交互记系统在科技创业者社交影响力与团队创新行为关系间的中介效应。结果显示，交互记忆系统在科技创业者社交影响力与团队创新行为关系中的中介效应显著（β=0.302，p<0.01，95%CI＝［0.059，0.545］），中介效应占总效应的 49.0%（见表 6-10）。通过以上论述，本章模型完全符合 MacKinnon（2008）提出的中介效应检验步骤要求，验证了假设 H17，交互记忆系统在科技创业者社交影响力与团队创新行为之间起到中介作用。

表 6-10　总效应、直接效应及中介效应

	效应值	Boot 标准误	Boot CI 下限	Boot CI 上限	相对效应值
总效应	0.592	0.112	0.369	0.815	
直接效应	0.302	0.122	0.059	0.545	51.0%
交互记忆系统的中介效应	0.290	0.102	0.119	0.514	49.0%

（二）有调节的中介效应检验

如前所述，假设 H18 预测团队心理安全在科技创业者社交影响力与团队创新行为的关系中起到正向调节作用、假设 H19 预测团队心理安全在交互记忆系统与团队创新行为的关系中起到正向调节作用（见图 6-1）。使用 Hayes（2013）的 PROCESS macro（Model 15）检验有调节的中介效应。在模型 1 中，估计了团队心理安全对科技创业者社交影响力对团队创新行为之间的调节作用；在模型 3 中，估计了团队心理安全对交互记忆系统和团队创新行为之间关系的调节作用（见表 6-10）。如果存在其中一种或两种模式，则建立有调节的中介（Hayes，2013）：①在科技创业者社交影响力与团队创新行为之间的关系被团队心理安全所调节（第一阶段的调节）；②交互记忆系统与团队创新行为之间的路径被团队心理安全所调节（第二阶段的调节）。

根据 Hayes（2013）的有调节的中介效应的验证程序，首先对变量 L 性别、L 年龄、L 受教育程度、团队成立年限、团队规模、所属行业、企业

类型进行控制，使用 PROCESS macro 中的 Model 15 进行检验，实证结果如表 6-11 所示。在模型 1 中，科技创业者社交影响力与团队创新行为之间的主效应成立（$\beta = 0.610$，$p < 0.001$，95% CI = ［0.427，0.792］），科技创业者社交影响力与团队创新行为之间的主效应受到团队心理安全的调节（$\beta = 0.869$，$p < 0.001$，95% CI = ［0.531，1.207］），表明团队心理安全对科技创业者社交影响力与团队创新行为之间的关系起到积极的正向调节作用，假设 H18 成立。由模型 2 可以得出，科技创业者社交影响力与交互记忆系统之间呈积极的正相关关系，再次验证了假设 H17。从模型 3 可以看出，交互记忆系统与团队创新行为呈正相关关系（$\beta = 0.451$，$p < 0.01$，95% CI = ［0.155，0.746］），团队心理安全在其中起到积极的正向调节作用（$\beta = 0.504$，$p < 0.001$，95% CI = ［0.293，0.716］），说明团队心理安全正向调节交互记忆系统与团队创新行为之间的关系。因此，支持了假设 H19。

为了进一步验证这种有调节的中介效应，本节采用简单斜率分析方法进行检验，实证结果如图 6-2、图 6-3 所示。根据图 6-2 可以得出，当团队心理安全较高（M+1SD）时，科技创业者社交影响力与团队创新行为之间呈正相关关系，simple slope = 1.479，$t = 7.602$，$p < 0.001$；而当团队心理安全较低（M-1SD）时，科技创业者社交影响力与团队创新行为之间不存在显著的相关关系，simple slope = -0.259，$t = -1.349$，$p > 0.05$，表明随着团队心理安全的增强，科技创业者社交影响力与团队创新行为之间的正相关关系就会越强，进一步验证了假设 H18。根据图 6-3 可以得出，当团队心理安全较高（M+1SD）时，交互记忆系统与团队创新行为呈积极的正相关关系，simple slope = 0.836，$t = 3.919$，$p < 0.001$；而对于团队心理安全较低（M-1SD）时，交互记忆系统与团队创新行为之间不存在显著的相关关系，simple slope = 0.066，$t = 0.314$，$p > 0.05$，表明随着团队心理安全的增强，交互记忆系统与团队创新行为之间的正相关关系就会越强（见表 6-12），再次验证了假设 H19。另外，在团队心理安全的三个水平上，交互记忆系统在科技创业者社交影响力与团队创新行为关系中的中介效应也随着团队心理安全的提高而呈升高趋势（见表 6-12），即随着团队心理安全的提高，科技创业者社交影响力更容易通过交互记忆系统来激发团队创新行为，假设 H20 成立。

表6-11 有调节的中介效应检验

变量	模型1（团队创新行为）			模型2（交互记忆系统）			模型3（团队创新行为）		
	β	se	t	β	se	t	β	se	t
constant	3.387	0.419	8.085***	-0.048	0.310	-0.155	3.310	0.376	8.803***
社交影响力	0.610	0.092	6.655***	0.394	0.068	5.754***	0.390	0.101	3.877***
交互记忆系统							0.451	0.148	3.046**
团队心理安全	0.536	0.116	4.611***				0.504	0.106	4.763***
社交影响力×团队心理安全	0.869	0.170	5.125***				0.460	0.186	2.467*
交互记忆系统×团队心理安全							0.744	0.277	2.686**
L.性别	0.068	0.127	0.534	0.053	0.092	0.572	0.108	0.116	0.930
L.年龄	-0.093	0.066	-1.417	-0.069	0.048	-1.428	-0.065	0.059	-1.096
L.受教育程度	0.217	0.082	2.640	0.196	0.059	3.314**	0.112	0.079	1.427
团队成立时间	-0.006	0.062	-0.103	-0.078	0.046	-1.694	0.055	0.057	0.972
团队规模	-0.109	0.056	-1.957	-0.022	0.041	-0.535	-0.100	0.050	-2.013
所属行业	0.002	0.049	0.041	-0.024	0.036	-0.650	0.017	0.044	0.388
企业类型	-0.029	0.052	-0.559	-0.013	0.039	-0.327	-0.031	0.047	-0.067
R	0.778			0.608			0.834		
R²	0.605			0.370			0.695		
F	10.572***			5.207***			12.726***		

注：* 表示 p<0.05；** 表示 p<0.01；*** 表示 p<0.001。

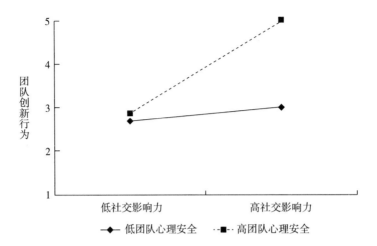

图 6-2　团队心理安全在科技创业者社交影响力与
团队创新行为关系中的调节作用

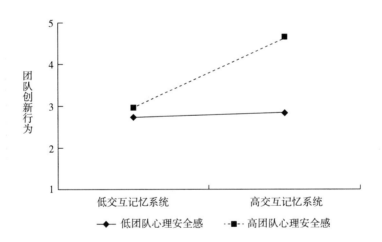

图 6-3　团队心理安全在交互记忆系统与团队创新行为关系中的调节作用

表 6-12　在团队心理安全不同水平上的直接效应及中介效应

	团队心理安全	效应值	Boot 标准误	Boot CI 下限	Boot CI 上限
直接效应	3.150（M-1SD）	0.152	0.125	-0.097	0.401
	3.673	0.390	0.101	0.189	0.591
	4.186（M+1SD）	0.628	0.153	0.324	0.933

续表

	团队心理安全	效应值	Boot 标准误	Boot CI 下限	Boot CI 上限
交互记忆系统 的中介效应	3.150（M-1SD）	0.026	0.111	-0.155	0.287
	3.668	0.178	0.087	0.041	0.377
	4.186（M+1SD）	0.329	0.100	0152	0.549

第五节　主要结论

一、本章结论

本章以 80 个农业科技创业团队为研究对象，对 80 名农业科技创业者与 418 名团队成员进行实证分析，检验了科技创业者社交影响力、交互记忆系统、团队创新行为及团队心理安全四者之间的关系和作用机制。笔者发现科技创业者社交影响力通过交互记忆系统正向影响团队创新行为，以及团队心理安全正向调节了科技创业者社交影响力对交互记忆系统与团队创新行为的影响效应。根据科技创业者与团队成员的匹配数据，本章对变量进行了描述性统计分析和相关分析，初步明确各个变量之间的关系。通过多重线性检验、同源方差检验、信效度检验和回归分析，检验了本章提出的假设。表 6-13 总结了所有假设的检验结果。

表 6-13　假设检验结果

编号	假设内容	结果
H14	科技创业者社交影响力正向影响团队创新行为	假设被支持
H15	科技创业者社交影响力正向影响交互记忆系统	假设被支持
H16	交互记忆系统正向影响团队创新行为	假设被支持
H17	交互记忆系统中介了科技创业者社交影响力与团队创新行为之间的关系	假设被支持
H18	团队心理安全正向调节了科技创业者社交影响力与团队创新行为之间的关系	假设被支持
H19	团队心理安全正向调节了交互记忆系统与团队创新行为之间的关系	假设被支持
H20	团队心理安全越高，交互记忆系统在科技创业者社交影响力与团队创新行为之间起到的中介作用就越强	假设被支持

总体而言，本章的实证研究结论总结如下：

第一，科技创业者社交影响力与团队创新行为之间呈积极的正相关关系，高社交影响力的科技创业者能够更好地获取他人的信任（McAllister et al.，2018），能够通过自己的社交能力，说服与其互动的利益相关者向他们提供其他人不具备或不能快速获取的宝贵知识（Tocher et al.，2012），并能够最有效地利用这些知识，进而激发团队创新行为。

第二，交互记忆系统中介了科技创业者社交影响力与团队创新行为之间的关系：科技创业者利用自己的社交影响力，在团队交互记忆系统结构过程中充当着重要的沟通协调者角色（张学艳等，2020b），提高团队交互记忆系统的专业性、可信性及协调性（Kollmann et al.，2020），对原有知识进行整合并创造出新的集体知识，进而促进团队创新行为。

第三，团队心理安全正向调节了科技创业者社交影响力与团队创新行为、交互记忆系统与团队创新行为之间的关系，团队心理安全度越高，科技创业者社交影响力对团队创新行为、交互记忆系统对团队创新行为的正向影响就越强。

第四，团队心理安全越高，团队交互记忆系统在科技创业者的社交影响力与团队创新行为之间的中介效应就越强。

二、本章贡献

首先，本章根据社会影响理论的观点，以农业科技创业者这一特殊创业群体为研究对象，基于个人特质视角，从团队层面探究了科技创业者自身具有的社交影响力对团队创新行为的影响效应，丰富了科技创业、社交影响力及团队创新行为的相关研究。

其次，本章通过实证检验得出，科技创业者社交影响力正向影响团队交互记忆系统，也就是说，科技创业者社交影响力有助于团队交互记忆系统的构建，交互记忆系统可以促进团队创新行为的产生。这一研究结论既阐明了科技创业者社交影响力对团队创新行为影响的内在逻辑，又为探索团队的复杂交互过程研究提供了前提和基础，丰富了团队创新中关于交互记忆系统的相关研究。

最后，本章将团队心理安全这一情境因素引入到科技创业者社交影响力、交互记忆系统及团队创新行为的效应影响路径中，探索团队心理安全在这一影响路径中起到的调节效应，这为本章研究提供了外部的实证支持，同时也表明科技创业者社交影响力对团队交互记忆系统及团队创新行为的促进作用受到团队心理安全的影响。本章进一步验证了团队心理安全对科技创业者社交影响力、交互记忆系统及团队创新行为的边界影响效应。

第七章
研究结论、研究贡献与研究展望

在科技创业情境下，基于社会影响理论，本书探讨了科技创业者社交影响力对其团队中的创新行为的影响作用，立足于科技创业者个人特质视角对其内在机制进行了探讨。首先，基于中国文化背景，从个人特质视角出发，界定创业者社交影响力的内涵与结构维度，分析创业者社交影响力与员工个体和一般管理者社交影响力的不同之处，探索创业者社交影响力的独特性。其次，以科技创业者这一特殊创业群体为研究对象，根据社会影响理论、自我决定理论、社会认知理论及知识基础观，分别从个体和团队层面探索科技创业者社交影响力对其创业团队中的创新行为的影响效应。个体层面从员工和谐型创新激情和创新自我效能感的两种内在驱动力出发，探讨了科技创业者社交影响力对员工创新行为的影响机制及边界条件；团队层面从交互记忆系统出发，探讨了科技创业者社交影响力对团队创新行为的影响机制及边界条件，为科技创业者通过自己的社交影响力来激发员工和团队创新行为提供可借鉴的理论依据和实践指导。具体来说，本书围绕创业者社交影响力的内涵、测量和科技创业者社交影响力与创新行为的关系展开了三个子研究：第一，开发创业者社交影响力的量表，为本书后续研究提供测量工具；第二，科技创业者社交影响力对员工创新行为的作用机制及其边界条件，从个体层面探讨了科技创业者社交影响力对员工创新行为的影响机制；第三，科技创业者社交影响力对团队创新行为的作用机制及其边界条件，从团队层面构建了科技创业者社交影响力对团队创新行为的影响机制。本章从以下三个方面进行总结：①研究结论；②研究贡献；③研究不足与展望。

第一节 研究结论

本书基于相关的研究和理论基础，通过逻辑推导构建了科技创业者社交影响力的研究模型，实证检验了研究模型中的各个假设，本书得出以下结论：

（1）创业者社交影响力是一个包含环境敏锐、创业网络能力、人际关系影响和权术运用的四维度概念。

本书发现创业者社交影响力的结构维度不同于国内外员工社交影响力量表结构，创业者社交影响力包含环境敏锐、创业网络能力、人际关系影响和权术运用四个维度。对比国内外关于员工社交影响力测量量表（Ferris et al.，2005；柳恒超等，2008；林忠、孙灵希，2012 等），创业者社交影响力测量量表既包含了国内外员工社交影响力量表的内容，又具有自己的独特性。第一，本书开发的创业者社交影响力测量量表在内容上包含了国内外员工社交影响力量表的内容。第 2 个维度创业网络能力反映了创业者善于发展和利用各种利益相关者的人际网络，通过与利益相关者构建创业关系网络，以获取创业所需要的各种关键资源的能力（Grosser et al.，2018）。第 3 个维度人际关系影响是创业者使用微妙并让人信任的方式来影响利益相关者的态度和行为，并利用适合情境来影响策略的能力。这两个维度与国内外员工社交影响力量表具有相似之处，但运用的情境和对象不同，创业者的创业网络能力和人际关系影响主要体现在创业过程中创业者与其内外部利益相关者互动博弈时所需要的网络构建能力与人际关系影响能力（McAllister et al.，2018）。第二，本书发现创业者社交影响力的独特性。第 1 个维度环境敏锐反映了创业者对创业环境的敏锐感知，能够时刻关注外部社会环境的变化与发展，及时把握创新创业机会。这是创业者独有的能力，与国内外员工社交影响力量表不同。第 4 个维度权力运用能力反映了创业者在其创新创业过程中，通过运用权术，对内外部利益相关者呈现出的表面真诚和利他行为，并通过灵活的方法和策略取得内外部利益相关者的信任和认可（柳恒超等，2008），以实现其创新创业目标的能力。权力运用能力是中国文化背景下独有的构念。中西方文化背景不同，中国创业者社交影响力维度结构与西方个体社交影响力维度结构也不同。这些研究结果都反映了创业者社交影响力的独特性，同时也说明基于中国文化情境下深入研究创业者社交影响力的必要性。

（2）科技创业者社交影响力对员工个体创新行为的影响作用是通过激发员工"想做"和"能做"两种内驱力实现的，并受到科技创业者与员工之间的领导—成员交换关系的调节。第一，科技创业者社交影响力与员工创新行为呈正相关，科技创业者凭借自己强大的社交影响力，为员工指明创新方向，争取更多的关键知识和资源（唐乐等，2015），并以自身的榜样标杆力量去影响和帮助员工进行创新，引导员工自愿、主动参与创新活动，进而激发员工创新行为。第二，和谐型创新激情和创新自我效能感在科技创业者社交影响力与员工创新行为的关系中起着中介作用。科技创业者通过自己的社交影响力，激发了员工"想做"和"能做"两种内在驱动力（熊立等，2019），调动其和谐型创新激情和创新自我效能感，促进员工创新行为。第三，领导—成员交换关系正向调节了科技创业者社交影响力与和谐型创新激情和创新自我效能感之间的关系，科技创业者与员工之间的领导—成员交换关系越好，科技创业者社交影响力对员工的和谐型创新激情和创新自我效能感的正向影响就越强。第四，科技创业者与员工之间的领导—成员交换关系越好，和谐型创新激情和创新自我效能感在科技创业者社交影响力与员工创新行为之间的中介效应也越强。

（3）科技创业者社交影响力对团队创新行为的影响作用是通过构建交互记忆系统整合和创新集体知识、促进团队成员高效分工协作实现的，并受到团队心理安全的调节。第一，科技创业者社交影响力对团队创新行为具有积极的影响作用，高社交影响力的科技创业者，通过真诚地与团队成员沟通，做好团队成员之间知识、信息及资源的协调工作（Marvel et al.，2020），增强团队成员之间的信任度与凝聚力，形成资源共享、彼此信任、相互协作的创新团队，激发团队创新行为。第二，科技创业者社交影响力通过交互记忆系统对团队创新行为起到积极的影响作用。科技创业者作为一个协调者,通过自己的社交影响力,在团队交互记忆系统中进行沟通互动,增强团队成员彼此间的知识共享、相互信任及分工协作,帮助团队成员整合并形成新的集体知识(Marvel et al.,2020),促进团队创新行为。第三,团队心理安全正向调节着科技创业者社交影响力与交互记忆系统之间的关系,团队心理安全度越高,科技创业者社交影响力对交互记忆系统的正向影响就越大。第四,团队心理安全度越高,交互记忆系统在科技创业者的社交影响力与团队创新行为之间的中介效应就越强。

第二节 研究贡献

一、理论贡献

本书编制并验证了创业者社交影响力测量量表,并使用这个量表检验了科技创业者社交影响力对员工及团队创新行为影响作用的理论模型。该模型从个体和团队两个层面深入探索了科技创业者如何通过自己的社交影响力激发员工内在驱动力促进员工创新行为,以及构建团队交互记忆系统促进团队创新行为的两种影响机制。研究结论具有一定的理论贡献:

第一,开发了一个创业者社交影响力测量量表,明确了创业者社交影响力的内涵和测量方法,为关于创业者社交影响力研究做出贡献。①提出和验证了创业者社交影响力这一概念及其预测效应。本书基于中国文化背景,立足于创新创业过程中创业者自身社交互动能力的重要性,从创业者个人特质视角提出了创业者社交影响力这一概念,分析并验证了创业者社交影响力的结构维度和预测效应,发现创业者社交影响力在创业实践中是一个包括环境敏锐、创业网络能力、人际关系影响和权术运用四因子结构的构念。本书回应了Fang等(2015)和张学艳等(2020a,2020b)关于社交影响力在创新创业领域中重要作用研究的呼吁。本书从创业者个人特质视角探索创业者社交影响力的构念和结构维度,既丰富了社交影响力的相关研究,也拓展了创业者个人特质理论。②构建和开发了具有良好信度和效度的创业者社交影响力量表,弥补了关于创业者社交影响力本土化研究的空白,为未来开展创业者社交影响力的实证研究提供了良好的测量工具。近年来，关于创业者在创业过程展现出的社交影响力得到更多学者的关注与讨论（Zhang et al.，2022；肖宇佳、潘安成，2018；Fang et al.，2015），但现有关于创业者社交影响力的测量，大多学者都是采用 Ferris 等（2005）编制的基于西方职场情境的员工社交影响力测量量表，这种量表并不能完全复制应用于中国创业者身上，编制基于中国本土化的创业者社交影响力量表，既揭示了中西方差异，也拓展了社交影响力在创业领域的研究。

第二，验证了科技创业者社交影响力可以通过激发员工的内在驱动力来促进员工创新行为，揭示了科技创业者社交影响力对员工创新行为的影响机制，为创业者社交影响力研究引入了新的思路。一方面，本书明晰了科技创业者社交影响力对员工创新行为的影响机制，关于科技创业领域的研究，很少有学者从科技创业者自身的个人特质出发（Fang et al.，2015），来研究其社交影响力对员工内在驱动力及创新行为的影响。本书通过实证分析得出结论，科技创业者社交影响力正向影响员工和谐型创新激情和创新自我效能感，也就是说，科技创业者社交影响力有助于激发员工"想做"的和谐型创新激情和"能做"的创新自我效能感，从而促进员工创新行为。这一研究结论从个体层面揭开了科技创业者社交影响力对员工创新行为的作用"黑箱"，可以帮助人们深入认识科技创业者社交影响力对员工个体创新行为的作用机制（唐乐等，2015）。另一方面，在科技创业者社交影响力、和谐型创新激情、创新自我效能感及员工创新行为的效应影响路径中加入领导—成员交换关系这一因素，分析领导—成员交换关系在其中的调节作用，确定这一影响效应的边界条件。同时也表明科技创业者社交影响力对员工的和谐型创新激情、创新自我效能感及其创新行为的促进作用受到领导—成员交换关系的影响。

第三，证明了科技创业者社交影响力可以通过构建交互记忆系统来促进团队创新行为，为关于科技创业、社交影响力、交互记忆系统及团队创新行为研究做出贡献。一方面，本书明晰了科技创业者社交影响力对团队创新行为的影响机制。现有关于科技创业的相关文献中，鲜有学者基于科技创业者个人特质，对科技创业者社交影响力、对团队创新行为的作用机制进行研究。本书发现，科技创业者社交影响力与交互记忆系统呈正相关关系，也就是说，科技创业者的社交影响力正向影响交互记忆系统的构建，交互记忆系统又正向影响团队创新行为。这一研究结论从团队层面揭开了科技创业者社交影响力对团队创新行为的影响作用机制，同时也为更深入探索团队交互记忆系统的复杂交互过程奠定了基础。另一方面，将团队心理安全这一因素引入到科技创业者社交影响力、交互记忆系统及团队创新行为的影响机制中（Kollmann et al.，2020），探究团队心理安全在这一作用机制中的边界条件作用。实证研究表明，团队心理安全在科技创业者社交影响力对交互记忆系统及团队创新行为的作用机制中起到积极的正向调节作用。

此外，本书对于科技创业者个人特质研究具有重要的拓展意义。经过多年的科技研究与发展，学者们已经注意到创业者个人特质对于企业创新绩效、创业绩效、团队绩效、员工创新参与及行为等的重要影响作用（张学艳等，2020b；Fang et al.，2015；Grosser et al.，2018），创业者个人特质是其创新创业关键影响因素。社会资本学者认为，由于个体差异的存在，个体对可用的社会资本也有着很大的差别（Zhang et al.，2022）。故而，科技创业者的个人特质影响着他们如何利用可用的社会资本（Fang et al.，2015）。同时，科技创业者个人特质也影响着其成功地构建和发展社会网络（Grosser et al.，2018），以获取创新创业所需要的关键的、有价值的知识、信息和资源。实地调研显示，社交影响力是科技创业者创新创业过程一种非常重要的个人特质，影响科技创业者如何建立他们的社会关系网络和人际关系影响力，更有效地促进科技创业团队中的员工创新行为和团队创新行为。因此，本书结论拓展和推进了科技创业领域中关于个人特质的研究，也启示未来的研究要重视挖掘科技创业者社交影响力的独特性。

二、管理实践意义

除了以上理论贡献外，本书结论对科技创新创业活动也具有一定的指导意义和现实启示。

首先，鉴于社交影响力在创业者与利益相关者互动博弈过程中的重要性，可以通过环境敏锐、创业网络能力、人际关系影响力及权术运用来展现自己的社交影响力，以合适的策略和方式来影响和控制利益相关者行为，以促进创业目标的实现。这就要求科技创业者不仅要注重自己创新创业能力的提升，还要注重提高自身的社交影响力。社交影响力是个人特质以及经验、培训和社会化的结果，科技创业者可以通过实践来训练、发展和提高其自身的社交影响力（Williams et al.，2017）。中国是一个人情关系社会，关系文化在创业活动中的作用突出，中国创业情境中社交影响力的作用更为重要。创业者可以通过积极参与当地政府政协部门组织的各项社会活动，来提高自己的社交影响力；也可以在高校创业教育课程中增加关于社交影响力的培养和训练环节，从宏观背景和微观企业行为，对企业者社交影响力进行培养和训练。此外，在中国这样一个关系型社会中，社交影响力在科技创业者关系网络构建及通过网络获取创业资源中具有重要作用（Fang et al.，2015）。因此，笔者建议，科技创业者在与不同的人接触时，要尽量避免直接推销或交易，要做到真正关心他人、设法为他人带来利益和价值、培养相互利益和信任的密切关系，以便通过牢固的关系产生影响。

其次，科技创业者借助强大的环境敏锐力、创业网络能力、人际关系影响力及权术的运用，能够有效激发员工创新行为。然而，在科技创业者社交影响力对员工创新行为的影响过程中，最重要的是员工的内在驱动力，员工"想做"和"能做"的内驱力只有在充分激发后，才会敢于面对创新挑战、勇于承担创新任务。科技创业者可以通过自己的社交影响力，有效激发员工和谐型创新激情和创新自我效能感两种内驱力（熊立等，2019），促进员工创新行为。同时，科技创业者要注意与员工之间的交换关系，本书的研究结果表明，科技创业者与员工之间的领导—成员交换关系越好，科技创业者社交影响力对员工和谐型创新激情、创新自我效能感及员工创新行为的影响作用就越强。因此，笔者建议，科技创业者在引导和鼓励员工参与创新活动时，要尽量避免直接下派任务或口头说教，要做到真正关心团队成员（Tocher et al.，2012），站在员工的角度来考虑问题，树立勇于挑战、敢于创新的榜样，为员工提供创新所需要的资源支持，并明确告知员工，创新能为团队及其个人带来的利益和价值，增加与员工的沟通与交流，培养和谐信任的领导成员关系，进而激发员工的创新行为。

最后，科技创业者在追求科技创新创造活动中，要注重团队成员间的交往与互动，促进科技创业团队构建专长互补、相互信任、分工协作的合作网络。同时在创新创造活动中，作为关键的协调者，科技创业者要借助其社交影响力做好团队成员间的沟通协调工作（Grosser et al.，2018），依据团队成员的专长分配适合的创新任务，促进团队成员之间知识信息分化和整合能力的提升。本书的研究结果表明，科技创业者社交影响力通过交互记忆系统对团队创新行为起到积极的影响作用。但科技创业者社交影响力的外部边界作用表明，团队心理安全对其社交影响力和团队创新行为具有积极的正向调节作用。团队心理安全度越高，其社交影响力对团队交互记忆系统的积极影响作用就越强，同时，随着团队心理安全度的提高，科技创业者社交影响力对团队创新行为的影响作用也越发突出。因此，对于团队心理安全度较高的科技创业团队来说，科技创业者更有必要通过高超的社交影响力去协调创业团队成员之间的关系，构建专长互补、相互信任、分工协作的合作网络，进行促进团队创新行为。

第三节 研究不足与未来展望

本书在系统的文献和理论回溯基础上，通过严谨的研究设计和实证检验，界定了创业者社交影响力的构念与结构维度，编制了基于中国文化情境的创业者社交影响力测量量表，并以科技创业者这一特殊创业群体为研究对象，探究了科技创业者社交影响力对员工和团队创新行为的影响机制和边界条件。尽管本书的研究结论对科技创业、社交影响力、创新行为、和谐型创新激情、创新自我效能感以及交互记忆系统等研究主题有一定的理论贡献，对管理实践也有一定的启发意义。但是本书依然存在一些不足之处，通过总结研究中的不足为进一步探索改进提供方向。

第一，本书开发了创业者社交影响力测量量表，是一种创新度较大的尝试，但是量表开发最重要工作之一就是保证其信效度。开发量表并不是一件容易的事情，本书采用了多样本和多方法来验证信效度，但是仍存在着一定的局限性。一方面，本书的实证样本量虽然符合定量研究标准，但还是相对较少，样本的数量和特征可能会影响研究的结果，未来可以选取更多的样本或不同类别的样本，进一步检验新开发量表的信度和效度，以增强研究结论的可推广性。另一方面，本书对创业者社交影响力的前因变量与结果变量都进行了预测效应检验（刘军等，2010），但预测效应检验采用的是横截面数据，不能很好地反映出创业者社交影响力与前因变量和结果变量之间的动态影响过程，可以在未来研究中进一步完善。Williams等（2017）、Fang等（2015）和程聪等（2014）都提到，创业者的社交影响力可以通过实践来训练和提高自身的社交影响力，这就意味着创业者的社交影响力可能会随着环境的改变而发生变化。虽然在第四章创业者社交影响力的预测效应检验部分并未得出创业者所处的行业是否会影响其社交影响力，但是在第五章和第六章都通过实证检验得出，处于不同行业的科技创业者，其社交影响力是存在差异的。那么，创业者的社交影响力是否会随着环境的改变发生变化，以及社交影响力对哪些行业的创新行为具有更大的影响，需要在后续的研究中进一步探索和验证。因此，本书对创业者社交影响力的量表开发也只是一次抛砖引玉，旨在鼓励未来更多的学者关注创业者社交影响力在创新创业活动中的重要作用，从而拓展社交影响力在创新创业领域的研究和探讨。

第二，未来的研究可能会从社交影响力的四个维度出发，来分析科技创业者社交影响力四个维度对员工和团队创新行为的不同影响作用。具有社交影响力的创业者可以在与内外部利益相关者互动博弈过程中，增加内外部利益相关者对自己的信任、支持和承诺，这对于在企业创新创业活动中与团队成员建立高质量的信任关系非常重要（Grosser et al.，2018）。然而，环境敏锐、创业网络能力、人际关系影响和权术运用对员工和谐型创新激情、创新自我效能感及交互记忆系统的影响是否存在差异，目前尚未清晰。在实地走访科技创业企业时，笔者从科技创业者那里得知，科技创业者会运用不同层面的社交影响力与团队成员进行沟通互动。对环境的敏锐感知使科技创业者不仅能够及时掌握国家政策、行业发展、科技创新前沿，使其抓住创新创业机会，更多地进行科技创业活动，同时还有助科技创业者识别出关键的团队成员，了解到他们的专业特长。创业网络能力有助于科技创业者与利益相关者构建创业关系网络，有助于科技创业者获取关键资源，以支持团队成员进行创新。权术运用和人际关系影响能够使科技创业者与内外部利益相关者建立的网络关系更加牢固，作为内部利益相关者的团队成员对科技创业者更加信任和依赖，这都对员工及团队创新行为具有积极的影响作用。因此，未来的研究可以探究环境敏锐、创业网络能力、人际关系影响、权术运用四个维度对员工及团队创新行为的不同影响作用，以及科技创业者在创新创业过程中是如何利用社交影响力这四个维度的。

第三，本书主要是从社交影响力的积极面展开科技创业者社交影响力对员工及团队创新行为的影响研究的，未来可以对社交影响力的消极作用进行探索和研究。创业者社交影响力对创业绩效、创新绩效、团队绩效等均具有积极的影响作用（Fang et al.，2015；程聪等，2014；Lvina et al.，2018）。但学者们也开始关注到社交影响力消极影响的一面。Wang 等（2021）提到，社交影响力对企业绩效来说可能是一把双刃剑，有积极的一面，也有消极的一面。Sun（2022）也提到了，员工社交影响力会导致同事的社会抑制，对个体的人际关系产生消极影响。也正如前面所提到的，当科技创业者与员工之间的领导—成员交换关系较差时，科技创业者借助自己的社交影响力，向员工传授创新经验时，员工可能会选择逃避观察学习，认为这是科技创业者通过传授经验来增加他们的工作任务，他们会抗拒非常规、挑战性的任务，科技创业者的说服也会被他们认为是"虚假的忽悠"，他们可能会产生更为消极、抵触的心理状态。因此，笔者认为，过度的社交影响力行为也可能会对员工及团队创新行为产生消极作用。未来可以对社交影响力的消极面进行探索，研究社交影响力在科技创新创业过程的双刃剑效应。

第四，本书探讨了科技创业者社交影响力对团队交互记忆系统的影响效应，提出科技创业者可以通过自己的社交影响力，对团队成员之间的专长互补、相互信任及分工协作起到更积极有效的协调作用。交互记忆系统描述了团队成员之间复杂的交互过程（Kollmann et al.，2020），本书为探讨如何实现团队的复杂交互提供了前提和基础，但如何实现这种复杂的交互，本书并没有进行更深入的探讨。未来将进一步探索团队交互记忆系统的复杂交互过程，分析促进团队交互记忆系统的内在机制。同时，未来也可以将员工个体创新行为和团队创新行为研究整合起来，探讨交互记忆系统对员工个体创新行为的影响作用，进而增加员工个体创新行为研究与团队创新行为研究的关联性。此外，本书基于社会影响理论，分别从个体层面和团队层面，探究了科技创业者社交影响力对员工个体创新行为及团队创新行为的作用机制，未来研究也可探讨科技创业者的认知、个性等其他个人特质在科技创新创业活动中的重要性及影响作用；也可以将科技创业者的其他技能与社交影响力协同起来，探索科技创业者的其他技能与社交影响力的协同效应对员工个体及团队创新行为的影响作用。

第五，关于科技创业者社交影响力对员工和团队创新行为的影响分析方面，本书主要采用问卷调查和多元统计分析的思路进行研究，此部分的研究方法较为薄弱，未来可以进一步完善和改进研究方法，采用更多的方法对研究模型进行验证与分析。同时，本书选取了农业高科技企业为研究样本，来探索科技创业者社交影响力对员工及团队创新行为的影响作用机制。未来可以将本书的理论模型运用到其他行业，以检验在其他行业的适用性。此外，在创业者社交影响力的结构维度探索和量表开发方面，本书按照量表开发的步骤与程序（温利群，2017），界定了创业者社交影响力的内涵、结构维度及量表的编制与开发，尚未探索科技创业者社交影响力的内涵与结构，未来可以重点刻画科技创业者社交影响力的结构维度，分析科技创业者这一特殊创业群体社交影响力的独特性，以增强科技创业者社交影响力与员工创新行为及团队创新行为之间的逻辑关系。

参考文献

［1］ Al - Jubari I, Hassan A, Liñán F. Entrepreneurial intention among university students in Malaysia: Integrating self-determination theory and the theory of planned behavior ［J］. International Entrepreneurship and Management Journal, 2019, 15 (4): 1323-1342.

［2］ Amabile T M, Conti R, Coon H, et al. Assessing the work environment for creativity ［J］. Academy of Management Journal, 1996, 39 (5): 1154-1184.

［3］ Amah O E. The role of political prudence and political skill in the political will and political behavior relationship ［J］. Journal of Business Ethics, 2022, 176 (2): 341-355.

［4］ Anderson N R, West M A. Measuring climate for work group innovation: Development and validation of the team climate inventory ［J］. Journal of Organizational Behavior, 1998, 19 (3): 235-258.

［5］ Argote L, Aven B L, Kush J. The effects of communication networks and turnover on transactive memory and group performance ［J］. Organization Science, 2018, 29 (2): 191-206.

［6］ Arts S, Fleming L. Paradise of novelty—or loss of human capital? Exploring new fields and inventive output ［J］. Organization Science, 2018, 29 (6): 989-1236.

［7］ Austin J R. Transactive memory in organizational groups: The effects of content, consensus, specialization, and accuracy on group performance ［J］. Journal of Applied Psychology, 2003, 88 (5): 866-878.

［8］ Bachrach D G, Mullins R. A dual-process contingency model of leadership, transactive memory systems and team performance ［J］. Journal of Business Research, 2019 (96): 297-308.

［9］ Bagheri A, Akbari M, Artang A. How does entrepreneurial leadership affect innovation work behavior? The mediating role of individual and team creativity self-efficacy ［J］. European Journal of Innovation Management, 2020, 25 (1): 1-18.

［10］ Bailetti T. Technology entrepreneurship: Overview, definition, and distinctive aspects ［J］. Technology Innovation Management Review, 2012 (2): 5-12.

［11］ Balven R, Fenters V, Siegel D S, et al. Academic entrepreneurship: The roles of identity, motivation, championing, education, work-life balance, and organizational justice ［J］. Academy of Management Perspectives, 2018, 32 (1): 21-42.

［12］ Bande B, Fernández-Ferrín P, Varela-Neira C, et al. Exploring the relationship among servant leadership, intrinsic motivation and performance in an industrial sales setting ［J］. Journal of Business & Industrial Marketing, 2016, 31 (2): 219-231.

［13］ Bandura A. Self-efficacy: Toward a unifying theory of behavioral change ［J］. Psychological Review, 1977, 84 (2): 191-215.

［14］ Bandura A. Social foundations of thought and action: A social cognitive theory ［J］. Englewood Cliffs: Prentice-Hall, 1986.

［15］ Beckman C, Eisenhardt K, Kotha S, et al. Technology entrepreneurship ［J］. Strategic Entrepreneurship Journal, 2012, 6 (2): 89-93.

［16］ Bliese P D, Halverson R R. Group size and measures of group-level properties: An examination of eta-squared and ICC values ［J］. Journal of Management, 1998, 24 (2): 157-172.

［17］ Boh W F, Huang C J, Wu A. Investor experience and innovation performance: The mediating role of external cooperation ［J］. Strategic Management Journal, 2020, 41 (1): 124-151.

［18］ Brandon D P, Hollingshead A B. Transactive memory systems in organizations: Matching tasks, expertise, and people ［J］. Organization Science,

2004, 15 (6): 633-644.

[19] Brière M, Le Roy J, Meier O. Linking servant leadership to positive deviant behavior: The mediating role of self-determination theory [J]. Journal of Applied Social Psychology, 2021, 51 (2): 65-78.

[20] Buengeler C, Piccolo R F, Locklear L R. LMX differentiation and group outcomes: A framework and review drawing on group diversity insights [J]. Journal of Management, 2021, 47 (1): 260-287.

[21] Burt R S, Opper S. Political connection and disconnection: Still a success factor for Chinese entrepreneurs [J]. Entrepreneurship Theory and Practice, 2020, 44 (6): 1199-1228.

[22] Cai W, Lysova E I, Khapova S N, et al. Does entrepreneurial leadership foster creativity among employees and teams? The mediating role of creative efficacy beliefs [J]. Journal of Business and Psychology, 2019, 34 (2): 203-217.

[23] Cao X, Ali A. Enhancing team creative performance through social media and transactive memory system [J]. International Journal of Information Management, 2018 (39): 69-79.

[24] Caputo F, Garcia-Perez A, Cillo V, et al. A knowledge-based view of people and technology: Directions for a value co-creation-based learning organisation [J]. Journal of Knowledge Management, 2019, 23 (7): 1314-1334.

[25] Carmeli A, Schaubroeck J. The influence of leaders "and other referents" normative expectations on individual involvement in creative work [J]. The Leadership Quarterly, 2007, 18 (1): 35-48.

[26] Chen G, Huang S, Meyer-Doyle P, et al. Generalist versus specialist CEOs and acquisitions: Two-sided matching and the impact of CEO characteristics on firm outcomes [J]. Strategic Management Journal, 2021, 42 (6): 1184-1214.

[27] Cortes A F, Herrmann P. Strategic leadership of innovation: A framework for future research [J]. International Journal of Management Reviews, 2021, 23 (2): 224-243.

[28] Costa P T, McCrae R R. Four ways five factors are basic [J]. Personality and Individual Differences, 1992, 13 (6): 653-665.

［29］ Covin J G, Rigtering J P C, Hughes M, et al. Individual and team entrepreneurial orientation: Scale development and configurations for success ［J］. Journal of Business Research, 2020 (112): 1-12.

［30］ Cristofaro M. "I feel and think, therefore I am": An Affect-Cognitive Theory of management decisions ［J］. European Management Journal, 2020, 38 (2): 344-355.

［31］ Cropanzano R, Anthony E L, Daniels S R, et al. Social exchange theory: A critical review with theoretical remedies ［J］. Academy of Management Annals, 2017, 11 (1): 479-516.

［32］ Cullen K L, Gerbasi A, Chrobot-Mason D. Thriving in central network positions: The role of political skill ［J］. Journal of Management, 2018, 44 (2): 682-706.

［33］ Cummings T, Knott A M. Outside CEOs and innovation ［J］. Strategic Management Journal, 2018, 39 (8): 2095-2119.

［34］ Curado C, Oliveira M, Maçada A C G, et al. Teams' innovation: Getting there through knowledge sharing and absorptive capacity ［J］. Knowledge Management Research & Practice, 2017, 15 (1): 45-53.

［35］ Dai Y, Roundy P T, Chok J I, et al. "Who knows what?" in new venture teams: Transactive memory systems as a micro-foundation of entrepreneurial orientation ［J］. Journal of Management Studies, 2016, 53 (8): 1320-1347.

［36］ Dalpé J, Demers M, Verner-Filion J, et al. From personality to passion: The role of the big five factors ［J］. Personality and Individual Differences, 2019 (138): 280-285.

［37］ Deci E L, Ryan R M. The general causality orientations scale: Self-determination in personality ［J］. Journal of Research in Personality, 1985, 19 (2): 109-134.

［38］ De Clercq D, Dimov D, Thongpapanl N. Organizational social capital, formalization, and internal knowledge sharing in entrepreneurial orientation formation ［J］. Entrepreneurship Theory and Practice, 2013, 37 (3): 505-537.

［39］ Deng H, Leung K, Lam C K, et al. Slacking off in comfort: A dual-pathway model for psychological safety climate [J] . Journal of Management, 2019, 45 (3): 1114-1144.

[40] Donnelly R. Aligning knowledge sharing interventions with the promotion of firm success: The need for SHRM to balance tensions and challenges [J]. Journal of Business Research, 2019 (94): 344-352.

[41] Douglas C, Ammeter A P. An examination of leader political skill and its effect on ratings of leader effectiveness [J] . The Leadership Quarterly, 2004, 15 (4): 537-550.

[42] Dufour L, Maoret M, Montani F. Coupling high self-Perceived creativity and successful newcomer adjustment in organizations: The role of supervisor trust and support for authentic self-expression [J] . Journal of Management Studies, 2020, 57 (8): 1531-1555.

[43] Edmondson A. Psychological safety and learning behavior in work teams [J] . Administrative Science Quarterly, 1999, 44 (2): 350-383.

[44] Eisenhardt K M, Santos F M. Knowledge-based view: A new theory of strategy [A] //Pettigrew A M, Thomas H, Whittington R. Handbook of Strategy and Management. London: Sage, 2002: 139-164.

[45] Fang R, Chi L, Chen M, et al. Bringing political skill into social networks: Findings from a field study of entrepreneurs [J] . Journal of Management Studies, 2015, 52 (2): 175-212.

[46] Ferris G R, Berkson H M, Kaplan D M, et al. Development and initial validation of the political skill inventory [C] . Chicago: The 59th Annual National Meeting of the Academy of Management, 1999.

[47] Ferris G R, Treadway D C, Kolodinsky R W, et al. Development and validation of the political skill inventory [J] . Journal of Management, 2005, 31 (1): 126-152.

[48] Ferris G R, Treadway D C, Perrewé P L, et al. Political skill in organizations [J] . Journal of Management, 2007, 33 (3): 290-320.

[49] Fini R, Rasmussen E, Wiklund J, et al. Theories from the lab: How research on science commercialization can contribute to management studies

[J] . Journal of Management Studies, 2019, 56 (5): 865-894.

[50] Fornell C, Larcker D F. Evaluating structural equation models with unobservable variables and measurement error [J] . Journal of Marketing Research, 1981, 18 (1): 39-50.

[51] Fuchs C, Sting F J, Schlickel M, et al. The ideator's bias: How identity-induced self-efficacy drives overestimation in employee-driven process innovation [J] . Academy of Management Journal, 2019, 62 (5): 1498-1522.

[52] Gao A, Jiang J. Perceived empowering leadership, harmonious passion, and employee voice: The moderating role of job autonomy [J] . Frontiers in Psychology, 2019 (10): 1484.

[53] Gilal F G, Zhang J, Paul J, et al. The role of self-determination theory in marketing science: An integrative review and agenda for research [J]. European Management Journal, 2019, 37 (1): 29-44.

[54] Gong Y, Kim T Y, Lee D R, et al. A multilevel model of team goal orientation, information exchange, and creativity [J] . Academy of Management Journal, 2013, 56 (3): 827-851.

[55] Graen G B, Uhl-Bien M. Relationship-based approach to leadership: Development of leader-member exchange (LMX) theory of leadership over 25 years: Applying a multi-level multi-domain perspective [J] . The Leadership Quarterly, 1995, 6 (2): 219-247.

[56] Grant R M. Toward a knowledge-based theory of the firm [J]. Strategic Management Journal, 1996, 17 (S2): 109-122.

[57] Grant R, Phene A. The knowledge based view and global strategy: Past impact and future potential [J] . Global Strategy Journal, 2022, 12 (1): 3-30.

[58] Gray S M, Knight A P, Baer M. On the emergence of collective psychological ownership in new creative teams [J] . Organization Science, 2020, 31 (1): 141-164.

[59] Grimpe C, Murmann M, Sofka W. Organizational design choices of high-tech startups: How middle management drives innovation performance [J].

Strategic Entrepreneurship Journal, 2019, 13 (3): 359-378.

[60] Grosser T J, Obstfeld D, Choi E W, et al. A sociopolitical perspective on employee innovativeness and job performance: The role of political skill and network structure [J]. Organization Science, 2018, 29 (4): 612-632.

[61] Haase J, Hoff E V, Hanel P H P, et al. A meta-analysis of the relation between creative self-efficacy and different creativity measurements [J]. Creativity Research Journal, 2018, 30 (1): 1-16.

[62] Hahn D, Minola T, Eddleston K A. How do scientists contribute to the performance of innovative start-ups? An imprinting perspective on open innovation [J]. Journal of Management Studies, 2019, 56 (5): 895-928.

[63] Hallen B L, Davis J P, Murray A. Entrepreneurial network evolution: Explicating the structural localism and agentic network change distinction [J]. Academy of Management Annals, 2020, 14 (2): 1067-1102.

[64] Hambrick D C, Lovelace J B. The role of executive symbolism in advancing new strategic themes in organizations: A social influence perspective [J]. Academy of Management Review, 2018, 43 (1): 110-131.

[65] Han G H, Bai Y. Leaders can facilitate creativity: The moderating roles of leader dialectical thinking and LMX on employee creative self-efficacy and creativity [J]. Journal of Managerial Psychology, 2020, 35 (5): 405-417.

[66] Hao P, He W, Long L R. Why and when empowering leadership has different effects on employee work performance: The pivotal roles of passion for work and role breadth self-efficacy [J]. Journal of Leadership & Organizational Studies, 2018, 25 (1): 85-100.

[67] Harrison J S, Thurgood G R, Boivie S, et al. Measuring CEO personality: Developing, validating, and testing a linguistic tool [J]. Strategic Management Journal, 2019, 40 (8): 1316-1330.

[68] Hayes A F. Introduction to mediation, moderation, and conditional process analysis: A regression-based approach [M]. New York: Guilford Press, 2013.

[69] Heavey C, Simsek Z. Distributed cognition in top management teams and organizational ambidexterity: The influence of transactive memory systems

［J］．Journal of Management, 2017, 43（3）：919-945.

［70］He H, Hu Y. The dynamic impacts of shared leadership and the trans-active memory system on team performance：A longitudinal study ［J］．Journal of Business Research, 2021（130）：14-26.

［71］Henson R K. Understanding internal consistency reliability estimates：A conceptual primer on coefficient alpha ［J］．Measurement and Evaluation in Counseling and Development, 2001, 34（3）：177-189.

［72］Hirst G, Van Knippenberg D, Zhou Q, et al. Exploitation and explora-tion climates' influence on performance and creativity：Diminishing returns as func-tion of self-efficacy ［J］．Journal of Management, 2018, 44（3）：870-891.

［73］Hmieleski K M, Powell E E. The psychological foundations of univer-sity science commercialization：A review of the literature and directions for future research ［J］．Academy of Management Perspectives, 2018, 32（1）：43-77.

［74］Hochwarter W A, Ferris G R, Zinko R, et al. Reputation as a modera-tor of political behavior-work outcomes relationships：A two-study investigation with convergent results ［J］．Journal of Applied Psychology, 2007, 92（2）：567-576.

［75］Hollingshead A B, Fraidin S N. Gender stereotypes and assumptions about expertise in transactive memory ［J］．Journal of Experimental Social Psy-chology, 2003, 39（4）：355-363.

［76］Honoré F, Ganco M. Entrepreneurial teams' acquisition of talent：Evidence from technology manufacturing industries using a two-sided approach ［J］．Strategic Management Journal, 2023, 44（1）：141-170.

［77］Ho V T, Astakhova M N. The passion bug：How and when do leaders inspire work passion? ［J］．Journal of Organizational Behavior, 2020, 41（5）：424-444.

［78］Ho V T, Wong S S, Lee C H. A tale of passion：Linking job passion and cognitive engagement to employee work performance ［J］．Journal of Manage-ment Studies, 2011, 48（1）：26-47.

［79］Isaksen S G, Lauer K J. The climate for creativity and change in teams ［J］．Creativity and Innovation Management, 2002, 11（1）：74-86.

[80] Jain S, George G, Maltarich M. Academics or entrepreneurs? Investigating role identity modification of university scientists involved in commercialization activity [J]. Research Policy, 2009, 38 (6): 922-935.

[81] Janssen O. Job demands, perceptions of effort-reward fairness, and innovative work behavior [J]. Journal of Occupational and Organizational Psychology, 2000, 73 (3): 287-302.

[82] Jiang Y, Chen C C. Integrating knowledge activities for team innovation: Effects of transformational leadership [J]. Journal of Management, 2018, 44 (5): 1819-1847.

[83] Kahn W A. Psychological conditions of personal engagement and disengagement at work [J]. The Academy of Management Journal, 1990, 33 (4): 692-724.

[84] Kaiser U, Kongsted H C, Laursen K, et al. Experience matters: The role of academic scientist mobility for industrial innovation [J]. Strategic Management Journal, 2018, 39 (7): 1935-1958.

[85] Kanawattanachai P, Yoo Y. The impact of knowledge coordination on virtual team performance over time [J]. MIS Quarterly, 2007, 31 (4): 783-808.

[86] Kannan-Narasimhan R, Lawrence B S. How innovators reframe resources in the strategy-making process to gain innovation adoption [J]. Strategic Management Journal, 2018, 39 (3): 720-758.

[87] Karwowski M, Lebuda I, Wisniewska E, et al. Big five personality traits as the predictors of creative self-efficacy and creative personal identity: Does gender matter? [J]. The Journal of Creative Behavior, 2013, 47 (3): 215-232.

[88] Kelman H C. Compliance, Identification, and Internalization: Three processes of attitude change [J]. The Journal of Conflict Resolution, 1958, 2 (1): 51-60.

[89] Kier A S, McMullen J S. Entrepreneurial imaginativeness in new venture ideation [J]. Academy of Management Journal, 2018, 61 (6): 2265-2295.

[90] Kim S M, Kim M J, Jo S J. The relationships between perceived team

psychological safety, transactive memory system, team learning behavior and team performance among individual team members ［J］. Leadership & Organization Development Journal, 2021, 42 (6): 958-975.

［91］ Kimura T. A review of political skill: Current research trend and directions for future research ［J］. International Journal of Management Reviews, 2015, 17 (3): 312-332.

［92］ Klein K J, Kozlowski S W J. Multilevel theory, research, and methods in organizations: Foundations, extensions, and new directions ［M］. San Francisco: Jossey-Bass, 2000.

［93］ Kleysen R F, Street C T. Toward a multi-dimensional measure of individual innovative behavior ［J］. Journal of Intellectual Capital, 2001, 2 (3): 284-296.

［94］ Kollmann T, Hensellek S, Stöckmann C, et al. How management teams foster the transactive memory system – entrepreneurial orientation link: A domino effect model of positive team processes ［J］. Strategic Entrepreneurship Journal, 2020, 14 (4): 683-710.

［95］ Kong H, Chiu W C K, Leung H K W. Building creative self-efficacy via learning goal orientation, creativity job requirement, and team learning behavior: The key to employee creativity ［J］. Australian Journal of Management, 2019, 44 (3): 443-461.

［96］ Koole S L, Schlinkert C, Maldei T, et al. Becoming who you are: An integrative review of self-determination theory and personality systems interactions theory ［J］. Journal of Personality, 2019, 87 (1): 15-36.

［97］ Kratzer J, Lettl C, Franke N, et al. The social network position of lead users ［J］. Journal of Product Innovation Management, 2016, 33 (2): 201-216.

［98］ Lazar M, Miron-Spektor E, Agarwal R, et al. Entrepreneurial team formation ［J］. Academy of Management Annals, 2020, 14 (1): 29-59.

［99］ Lee Cunningham J, Gino F, Cable D M, et al. Seeing oneself as a valued contributor: Social worth affirmation improves team information sharing

〔J〕. Academy of Management Journal, 2021, 64（6）: 1816-1841.

〔100〕 Lewis K. Measuring transactive memory systems in the field: Scale development and validation〔J〕. Journal of Applied Psychology, 2003, 88（4）: 587-604.

〔101〕 Li H, Atuahene-Gima K. Product innovation strategy and the performance of new technology ventures in China〔J〕. The Academy of Management Journal, 2001, 44（6）: 1123-1134.

〔102〕 Lin H C, Chang C M. What motivates health information exchange in social media? The roles of the social cognitive theory and perceived interactivity〔J〕. Information & Management, 2018, 55（6）: 771-780.

〔103〕 Litchfield R C, Karakitapoğlu-Aygün Z, Gumusluoglu L, et al. When team identity helps innovation and when it hurts: Team identity and its relationship to team and cross-team innovative behavior〔J〕. Journal of Product Innovation Management, 2018, 35（3）: 350-366.

〔104〕 Liu D, Chen X P, Yao X. From autonomy to creativity: A multilevel investigation of the mediating role of harmonious passion〔J〕. Journal of Applied Psychology, 2011, 96（2）: 294-309.

〔105〕 Li Y, Li N, Guo J, et al. A network view of advice-giving and individual creativity in teams: A brokerage-driven, socially perpetuated phenomenon〔J〕. The Academy of Management Journal, 2018, 61（6）: 2210-2229.

〔106〕 Li Y, Li N, Li C, et al. The boon and bane of creative "stars": A social network exploration of how and when team creativity is（and is not）driven by a star teammate〔J〕. The Academy of Management Journal, 2020, 63（2）: 613-635.

〔107〕 Luo X R, Yang L, He X. Can one stone kill two birds? Political relationship building and partner acquisition in new ventures〔J〕. Entrepreneurship Theory and Practice, 2020, 44（4）: 817-841.

〔108〕 Lu S, Bartol K M, Venkataramani V, et al. Pitching novel ideas to the boss: The interactive effects of employees' idea enactment and influence tactics on creativity assessment and implementation〔J〕. The Academy of Management Journal, 2019, 62（2）: 579-606.

［109］ Lvina E, Johns G, Vandenberghe C. Team political skill composition as a determinant of team cohesiveness and performance ［J］. Journal of Management, 2018, 44 (3): 1001-1028.

［110］ MacKinnon D P. Introduction to statistical mediation analysis ［M］. New York: Taylor & Francis Group, 2008.

［111］ Mallia L, Lucidi F, Zelli A, et al. Predicting moral attitudes and antisocial behavior in young team sport athletes: A self-determination theory perspective ［J］. Journal of Applied Social Psychology, 2019, 49 (4): 249-263.

［112］ Mao J, Chiu C Y, Owens B P, et al. Growing followers: Exploring the effects of leader humility on follower self-expansion, self-efficacy, and performance ［J］. Journal of Management Studies, 2019, 56 (2): 343-371.

［113］ Martin S L, Javalgi R R G. Explaining performance determinants: A knowledge based view of international new ventures ［J］. Journal of Business Research, 2019 (101): 615-626.

［114］ Marvel M R, Wolfe M T, Kuratko D F. Escaping the knowledge corridor: How founder human capital and founder coachability impacts product innovation in new ventures ［J］. Journal of Business Venturing, 2020, 35 (6): 106060.

［115］ Marzocchi C, Kitagawa F, Sánchez-Barrioluengo M. Evolving missions and university entrepreneurship: Academic spin-offs and graduate start-ups in the entrepreneurial society ［J］. The Journal of Technology Transfer, 2019, 44 (1): 167-188.

［116］ McAllister C P, Ellen Ⅲ B P, Ferris G R. Social influence opportunity recognition, evaluation, and capitalization: Increased theoretical specification through political skill's dimensional dynamics ［J］. Journal of Management, 2018, 44 (5): 1926-1952.

［117］ Menard P, Bott G J, Crossler R E. User motivations in protecting information security: Protection motivation theory versus self-determination theory ［J］. Journal of Management Information Systems, 2017, 34 (4): 1203-1230.

［118］ Miao Q, Eva N, Newman A, et al. CEO entrepreneurial leadership and performance outcomes of top management teams in entrepreneurial Ventures:

The mediating effects of psychological safety ［J］. Journal of Small Business Management, 2019, 57（3）: 1119-1135.

［119］ Mintzberg H. Power in and around organizations ［J］. Edgewood Cliffs: Prentice-Hall. 1983.

［120］ Mittal S, Dhar R L. Transformational leadership and employee creativity: Mediating role of creative self-efficacy and moderating role of knowledge sharing ［J］. Management Decision, 2015, 53（5）: 894-910.

［121］ Newman A, Herman H M T, Schwarz G, et al. The effects of employees' creative self-efficacy on innovative behavior: The role of entrepreneurial leadership ［J］. Journal of Business Research, 2018（89）: 1-9.

［122］ Oc B, Bashshur M R. Followership, leadership and social influence ［J］. The Leadership Quarterly, 2013, 24（6）: 919-934.

［123］ Oertel R, Antoni C H. Phase-specific relationships between team learning processes and transactive memory development ［J］. European Journal of Work and Organizational Psychology, 2015, 24（5）: 726-741.

［124］ Otaye-Ebede L, Shaffakat S, Foster S. A multilevel model examining the relationships between workplace spirituality, ethical climate and outcomes: A social cognitive theory perspective ［J］. Journal of Business Ethics, 2020, 166（3）: 611-626.

［125］ Owens B P, Hekman D R. Modeling how to grow: An inductive examination of humble leader behaviors, contingencies, and outcomes ［J］. The Academy of Management Journal, 2012, 55（4）: 787-818.

［126］ Ozyilmaz A, Erdogan B, Karaeminogullari A. Trust in organization as a moderator of the relationship between self-efficacy and workplace outcomes: A social cognitive theory-based examination ［J］. Journal of Occupational and Organizational Psychology, 2018, 91（1）: 181-204.

［127］ Park S, Grosser T J, Roebuck A A, et al. Understanding work teams from a network perspective: A review and future research directions ［J］. Journal of Management, 2020, 46（6）: 1002-1028.

［128］ Peale N V. Enthusiasm makes the difference ［M］. New York:

Touchstone，2003.

［129］Pereira V，Bamel U. Extending the resource and knowledge based view：A critical analysis into its theoretical evolution and future research directions ［J］. Journal of Business Research，2021（132）：557-570.

［130］Perkmann M，Tartari V，McKelvey M，et al. Academic engagement and commercialisation：A review of the literature on university-industry relations ［J］. Research Policy，2013，42（2）：423-442.

［131］Pfeffer J. Power in organizations ［M］. Boston：Pitman，1981.

［132］Pirola-Merlo A，Mann L. The relationship between individual creativity and team creativity：Aggregating across people and time ［J］. Journal of Organizational Behavior，2004，25（2）：235-257.

［133］Podsakoff P M，MacKenzie S B，Lee J Y，et al. Common method biases in behavioral research：A critical review of the literature and recommended remedies ［J］. Journal of Applied Psychology，2003，88（5）：879-903.

［134］Rasmussen E，Mosey S，Wright M. The influence of university departments on the evolution of entrepreneurial competencies in spin-off ventures ［J］. Research Policy，2014，43（1）：92-106.

［135］Richardson H A，Simmering M J，Sturman M C. A tale of three perspectives：Examining post HOC statistical techniques for detection and correction of common method variance ［J］. Organizational Research Methods，2009，12（4）：762-800.

［136］Rosa A D，Vianello M. Linking calling with workaholism：Examining obsessive and harmonious passion as mediators and moderators ［J］. Journal of Career Assessment，2020，28（4）：589-607.

［137］Ruben B D，Gigliotti R A. Leadership as social influence：An expanded view of leadership communication theory and practice ［J］. Journal of Leadership & Organizational Studies，2016，23（4）：467-479.

［138］Schein E H，Bennis W G. Personal and organizational change through group methods：The laboratory approach ［M］. New York：Wiley，1965.

［139］Schenkel M T，Farmer S，Maslyn J M. Process improvement in

SMEs：The impact of harmonious passion for entrepreneurship，employee creative self-efficacy，and time spent innovating［J］．Journal of Small Business Strategy，2019，29（1）：71-84.

［140］Schmutzler J，Andonova V，Diaz-Serrano L. How context shapes entrepreneurial self-efficacy as a driver of entrepreneurial intentions：A multilevel approach［J］．Entrepreneurship Theory and Practice，2019，43（5）：880-920.

［141］Schunk D H，Usher E L. Social cognitive theory and motivation［M］//Ryan R M. The Oxford handbook of human motivation. New York：Oxford University Press，2019：11-26.

［142］Scott S G，Bruce R A. Determinants of innovation behavior：A path model of individual innovation in the workplace［J］．The Academy of Management Journal，1994，37（3）：580-607.

［143］Sheldon K M，Prentice M. Self-determination theory as a foundation for personality researchers［J］．Journal of Personality，2019，87（1）：5-14.

［144］Shujahat M，Sousa M J，Hussain S，et al. Translating the impact of knowledge management processes into knowledge-based innovation：The neglected and mediating role of knowledge-worker productivity［J］．Journal of Business Research，2019（94）：442-450.

［145］Simao L，Franco M. External knowledge sources as antecedents of organizational innovation in firm workplaces：A knowledge-based perspective［J］．Journal of Knowledge Management，2018，22（2）：237-256.

［146］Singh S K，Gupta S，Busso D，et al. Top management knowledge value，knowledge sharing practices，open innovation and organizational performance［J］．Journal of Business Research，2021（128）：788-798.

［147］Smyth L，Mavor K I，Platow M J. Learning behaviour and learning outcomes：The roles for social influence and field of study［J］．Social Psychology of Education，2017，20（1）：69-95.

［148］Snyder M，Gangestad S. On the nature of self-monitoring：Matters of assessment，matters of validity［J］．Journal of Personality and Social Psychology，1986，51（1）：125-139.

［149］Somech A，Drach-Zahavy A. Translating team creativity to innovation implementation：The role of team composition and climate for innovation ［J］. Journal of Management，2013，39（3）：684-708.

［150］Spender J C. Making knowledge the basis of a dynamic theory of the firm ［J］. Strategic Management Journal，1996，17（S2）：45-62.

［151］Stewart M D R. Technology entrepreneurship：A deliberation on success and failure in technology venturing toward a grounded theory of dystechnia ［M］. Washington：The George Washington University，2011.

［152］Sun S. Is political skill always beneficial? Why and when politically skilled employees become targets of coworker social undermining ［J］. Organization Science，2022，33（3）：873-1249.

［153］Tang S，Nadkarni S，Wei L，et al. Balancing the Yin and Yang：TMT gender diversity，psychological safety，and firm ambidextrous strategic orientation in Chinese high-tech SMEs ［J］. The Academy of Management Journal，2021，64（5）：1578-1604.

［154］Ter Wal A L J，Criscuolo P，McEvily B，et al. Dual networking：How collaborators network in their quest for innovation ［J］. Administrative Science Quarterly，2020，65（4）：887-930.

［155］Tierney P，Farmer S M. Creative self-efficacy：Its potential antecedents and relationship to creative performance ［J］. The Academy of Management Journal，2002，45（6）：1137-1148.

［156］Tocher N，Oswald S L，Shook C L，et al. Entrepreneur political skill and new venture performance：Extending the social competence perspective ［J］. Entrepreneurship & Regional Development，2012，24（5-6）：283-305.

［157］Tran K T，Nguyen P V，Nguyen L M. The role of financial slack，employee creative self-efficacy and learning orientation in innovation and organizational performance ［J］. Administrative Sciences，2018，8（4）：82.

［158］Usmanova K，Wang D，Younas A. Leader's strategy to encourage employee's innovative work behavior in multicultural workplace：Do supportive colleagues matter? ［J］. Chinese Management Studies，2022，16（2）：274-292.

［159］Vallerand R J, Blanchard C M, Mageau G A, et al. Les passions de l'ame: On obsessive and harmonious passion ［J］. Journal of Personality and Social Psychology, 2003, 85 (4): 756-767.

［160］Vandekerkhof P, Steijvers T, Hendriks W, et al. Socio-emotional wealth separation and decision-making quality in family firm TMTs: The moderating role of psychological safety ［J］. Journal of Management Studies, 2018, 55 (4): 648-676.

［161］Wang T, Zhang T, Shou Z. The double-edged sword effect of political ties on performance in emerging markets: The mediation of innovation capability and legitimacy ［J］. Asia Pacific Journal of Management, 2021, 38 (3): 1003-1030.

［162］Wang X H F, Howell J M. Exploring the dual-level effects of transformational leadership on followers ［J］. Journal of Applied Psychology, 2010, 95 (6): 1134-1144.

［163］Wang Y, Meister D B, Gray P H. Social influence and knowledge management systems use: Evidence from panel data ［J］. MIS Quarterly, 2013, 37 (1): 299-313.

［164］Wegner D M. A computer network model of human transactive memory ［J］. Social Cognition, 1995, 13 (3): 319-339.

［165］Wegner D M. Transactive memory: A contemporary analysis of the group mind ［M］//Mullen B, Goethals G R. Theories of group behavior. New York: Springer, 1987: 185-208.

［166］Wei L Q, Chiang F F T, Wu L Z. Developing and utilizing network resources: Roles of political skill ［J］. Journal of Management Studies, 2012, 49 (2): 381-402.

［167］West M A, Farr J L. Innovation and creativity at work: Psychological and organizational strategies ［J］. Health Policy, 1990, 45 (3): 175-186.

［168］Williams W A, Randolph-Seng B, Hayek M, et al. Servant leadership and followership creativity: The influence of workplace spirituality and political skill ［J］. Leadership & Organization Development Journal, 2017, 38 (2): 178-193.

［169］ Wu C H, Parker S K, De Jong J P J. Need for cognition as an ante-cedent of individual innovation behavior ［J］. Journal of Management, 2014, 40 (6): 1511-1534.

［170］ Xu F, Kellermanns F W, Jin L, et al. Family support as social ex-change in entrepreneurship: Its moderating impact on entrepreneurial stressors-well-being relationships ［J］. Journal of Business Research, 2020 (120): 59-73.

［171］ Yang J, Chang M, Li J, et al. Exploring the moderated mediation relationship between leader narcissism and employees' innovative behavior ［J］. Chinese Management Studies, 2020, 15 (1): 137-154.

［172］ Ye P, Liu L, Tan J. Influence of knowledge sharing, innovation passion and absorptive capacity on innovation behaviour in China ［J］. Journal of Organizational Change Management, 2021, 34 (5): 894-916.

［173］ Young H R, Glerum D R, Joseph D L, et al. A meta-analysis of transactional leadership and follower performance: Double-edged effects of LMX and empowerment ［J］. Journal of Management, 2021, 47 (5): 1255-1280.

［174］ Young-Hyman T, Kleinbaum A M. Meso-foundations of interorgani-zational relationships: How team power structures shape partner novelty ［J］. Organization Science, 2020, 31 (6): 1385-1407.

［175］ Zellars K L, Perrewé P L, Rossi A M, et al. Moderating effects of po-litical skill, perceived control, and job-related self-efficacy on the relationship be-tween negative affectivity and physiological strain ［J］. Journal of Organizational Be-havior, 2008, 29 (5): 549-571.

［176］ Zellmer-Bruhn M E, Forbes D P, Sapienza H J, et al. Lab, Gig or Enterprise? How scientist-inventors form nascent startup teams ［J］. Journal of Business Venturing, 2021, 36 (1): 106074.

［177］ Zhang J, Jiang H, Wu R, et al. Reconciling the dilemma of know-ledge sharing: A network pluralism framework of firms' R&D alliance network and innovation performance ［J］. Journal of Management, 2019, 45 (7): 2635-2665.

［178］Zhang J, Van Eerde W, Gevers J M P, et al. How temporal leadership boosts employee innovative job performance ［J］. European Journal of Innovation Management, 2021, 24 (1): 23-42.

［179］Zhang L, Guo H. Enabling knowledge diversity to benefit cross-functional project teams: Joint roles of knowledge leadership and transactive memory system ［J］. Information & Management, 2019, 56 (8): 103156.

［180］Zhang R, Wang J, Hao J X. How does knowledge heterogeneity affect transactive memory system in innovation? Evidence from a field study ［J］. Journal of Knowledge Management, 2020, 24 (8): 1965-1985.

［181］Zhang X, Zhou X, Wang Q, et al. Networks open the door to the success of technological entrepreneurship: A perspective on political skills ［J］. Kybernetes, 2022, 51 (12): 3487-3507.

［182］Zhao K, Stylianou A C, Zheng Y. Sources and impacts of social influence from online anonymous user reviews ［J］. Information & Management, 2018, 55 (1): 16-30.

［183］Zhao Z, Broström A, Cai J. Promoting academic engagement: University context and individual characteristics ［J］. The Journal of Technology Transfer, 2020, 45 (1): 304-337.

［184］Zhou F, Wu Y J. How humble leadership fosters employee innovation behavior: A two-way perspective on the leader-employee interaction ［J］. Leadership & Organization Development Journal, 2018, 39 (3): 375-387.

［185］Zhou J, George J M. When job dissatisfaction leads to creativity: Encouraging the expression of voice ［J］. The Academy of Management Journal, 2001, 44 (4): 682-696.

［186］Zhou T. Understanding social influence on mobile social networking sites: A social support perspective ［J］. Information Development, 2019, 35 (2): 220-229.

［187］Zhu C, Zhang F. How does servant leadership fuel employee innovative behavior? A moderated mediation framework ［J］. Asia Pacific Journal of Human Resources, 2020, 58 (3): 356-377.

［188］蔡莉，张玉利，蔡义茹，等．创新驱动创业：新时期创新创业研究的核心学术构念［J］．南开管理评论，2021，24（4）：217-226.

［189］曹曼，席猛，赵曙明．高绩效工作系统对员工幸福感的影响——基于自我决定理论的跨层次模型［J］．南开管理评论，2019，22（2）：176-185.

［190］陈逢文，付龙望，张露，等．创业者个体学习、组织学习如何交互影响企业创新行为？——基于整合视角的纵向单案例研究［J］．管理世界，2020，36（3）：142-164.

［191］程聪，张颖，陈盈，等．创业者政治技能促进创业绩效提升了吗？——创业导向与组织公正的中介调节效应［J］．科学学研究，2014，32（8）：1198-1206.

［192］仇泸毅，张梦桃，王勋迫，等．可干预的人格特质：自我分化对员工创新的影响［J］．科研管理，2022，43（2）：202-208.

［193］邓今朝，喻梦琴，丁栩平．员工建言行为对团队创造力的作用机制［J］．科研管理，2018，39（12）：171-178.

［194］丁贺，林新奇，徐洋洋．基于优势的心理氛围对创新行为的影响机制研究［J］．南开管理评论，2018，21（1）：28-38.

［195］杜鹏程，李敏，倪清，等．差错反感文化对员工创新行为的影响机制研究［J］．管理学报，2015，12（4）：538-545.

［196］方阳春，雷雅云，宋志刚．包容型人力资源管理实践对员工创新行为的影响——基于创新自我效能感的中介作用［J］．科研管理，2019，40（12）：312-322.

［197］冯蛟，罗文豪，徐奇，等．领导者—员工关系类型及对员工创新行为的影响［J］．管理科学，2019，32（5）：60-74.

［198］耿紫珍，赵佳佳，丁琳．中庸的智慧：上级发展性反馈影响员工创造力的机理研究［J］．南开管理评论，2020，23（1）：75-86.

［199］顾远东，彭纪生．组织创新氛围对员工创新行为的影响——创新自我效能感的中介作用［J］．南开管理评论，2010，13（1）：30-41.

［200］郭一蓉，陈黎梅，占小军．自我牺牲型领导对员工工作重塑的影响机制研究［J］．管理学报，2021，18（10）：1503-1511.

［201］韩金，张生太，白少一．社交网络用户人格特质对社会资本积累的影响——基于微信的研究［J］．管理评论，2021，33（2）：239-248.

［202］胡文安，罗瑾琏．双元领导如何激发新员工创新行为？一项中国情境下基于认知—情感复合视角的模型构建［J］．科学学与科学技术管理，2020，41（1）：99-113.

［203］黄海艳，武蓓．交互记忆系统、动态能力与创新绩效关系研究［J］．科研管理，2016，37（4）：68-76.

［204］黄敏学，郑仕勇，王琦缘．网络关系与口碑"爆点"识别——基于社会影响理论的实证研究［J］．南开管理评论，2019，22（2）：45-60.

［205］黄庆，张梓暖，蒋春燕．有激情的员工更能创新吗——认知视角下的调节中介模型［J］．科技进步与对策，2019，36（12）：137-144.

［206］黄秋风，唐宁玉，陈致津，葛明磊．变革型领导对员工创新行为影响的研究——基于自我决定理论和社会认知理论的元分析检验［J］．研究与发展管理，2017，29（4）：73-80+126.

［207］黄永春，徐军海，徐高彦．为什么中国缺少学术型企业家？——基于"认知目的"论［J］．科研管理，2021，42（6）：139-149.

［208］贾建锋，焦玉鑫，闫佳祺．伦理型领导对员工主动性行为的影响机制研究［J］．管理学报，2020，17（9）：1327-1335.

［209］贾建锋，刘志．幽默不拘，创新不限：亲和幽默型领导与员工越轨创新［J］．管理科学，2021，34（2）：69-80.

［210］蒋斌．企业员工组织政治技巧结构及相关研究［D］．暨南大学硕士学位论文，2009.

［211］蒋昀洁，黄庆，张绿漪，等．自信的员工更有创造力吗——和谐型激情与团队成员交换关系的交互作用［J］．科技进步与对策，2018，35（8）：149-154.

［212］蒋昀洁，张绿漪，黄庆，等．工作激情研究述评与展望［J］．外国经济与管理，2017，39（8）：85-101.

［213］李柏洲，曾经纬．知识搜寻与吸收能力契合对企业创新绩效的影响——知识整合的中介作用［J］．科研管理，2021，42（6）：120-127.

［214］李红玉，刘云硕．服务型领导对员工创新行为的影响研究——

基于个体内在视角 [J]．技术经济，2020，39（11）：147-153.

[215] 李晋，侯红梅，李晏墅．科技型创业者自恋人格与团队创新绩效的非线性关系研究——基于孵化期公司创业愿景的视角 [J]．经济管理，2018，40（4）：69-83.

[216] 李燕萍，沈夏珏．"双创"情境下创业导师特质结构及其影响机制 [J]．科学学研究，2022，40（8）：1432-1440.

[217] 李怡欣，赵文红，郭菊娥，等．从学者到创业者：决策逻辑对学术创业过程的影响 [J]．科学学研究，2021，39（4）：703-712.

[218] 李颖，赵文红，杨特．创业者先前经验、战略导向与创业企业商业模式创新关系研究 [J]．管理学报，2021，18（7）：1022-1031+1106.

[219] 林忠，孙灵希．企业员工政治技能的本土维度确认与测量 [J]．财经问题研究，2012（11）：116-123.

[220] 刘军，吴隆增，许浚．政治技能的前因与后果：一项追踪实证研究 [J]．管理世界，2010（11）：94-104+188.

[221] 刘晔，曲如杰，时勘，等．领导创新支持与员工突破性创新行为——基于角色认同理论和行为可塑性视角 [J]．科学学与科学技术管理，2022，43（2）：168-182.

[222] 刘依冉，郝喜玲，李晓依．连续创业情境下自恋人格与关键创业行为变化机理 [J]．心理科学进展，2020，28（7）：1083-1092.

[223] 刘云，石金涛．组织创新气氛与激励偏好对员工创新行为的交互效应研究 [J]．管理世界，2009（10）：88-101+114+188.

[224] 柳恒超，金盛华，赵开强．中国文化下组织政治技能的结构及问卷的编制 [J]．应用心理学，2008，14（3）：220-225+243.

[225] 路燕利．企业员工的政治技能及其相关研究 [D]．河南大学硕士学位论文，2009.

[226] 罗瑾琏，胡文安，钟竞．双元领导对团队创新的影响机制研究——基于互动认知的视角 [J]．华东经济管理，2016，30（7）：35-44.

[227] 罗青兰．企业女性管理者政治技能对职业成功的影响研究 [D]．吉林大学博士学位论文，2013.

[228] 罗裕梅，孟椤琰，张一．企业信息系统创新性使用行为的影响

研究——基于社会影响理论及个人创新特质［J］. 科技管理研究，2019，39（10）：177-184.

［229］吕霄，樊耘，马贵梅，等. 内在职业目标与个性化交易及对员工创新行为的影响机制——基于社会认知理论的研究［J］. 管理评论，2020，32（3）：203-214.

［230］吕逸婧，陈守明，邵婉玲. 高管团队交互记忆系统与组织绩效：战略柔性的中介作用［J］. 南开管理评论，2018，21（1）：216-224.

［231］马晓琳，刘洪玉，侯锡林. 科学创业家概念构建及辨析——基于科学商业［J］. 科学管理研究，2014，32（6）：107-110.

［232］逄键涛，温珂. 主动性人格对员工创新行为的影响与机制［J］. 科研管理，2017，38（1）：12-20.

［233］彭伟，金丹丹. 包容型领导对团队创造力影响机理研究：一个链式中介模型［J］. 科技进步与对策，2018，35（19）：123-130.

［234］邱皓政. 量化研究与统计分析（第三版）［M］. 台北：五南图书出版股份有限公司，2006.

［235］单标安，于海晶，鲁喜凤. 感知的创业激情、信任与员工创新行为关系研究［J］. 管理科学，2019，32（1）：80-90.

［236］史珈铭，赵书松，吴俣含. 精神型领导与员工职业呼唤——自我决定理论视角的研究［J］. 经济管理，2018，40（12）：138-152.

［237］宋锟泰，张正堂，赵李晶. 时间压力促进还是抑制员工创新行为？——一个被调节的双重路径模型［J］. 科学学与科学技术管理，2020，41（1）：114-133.

［238］孙家胜，刘路明，陈力田. 知识动态能力研究进展及前沿演进可视化分析［J］. 科技进步与对策，2019，36（14）：151-160.

［239］唐乐，杨付，杨伟国. 员工政治技能对晋升机会的影响机制研究［J］. 经济管理，2019，41（10）：73-89.

［240］唐乐，杨伟国，杨付. 员工创新行为内在作用机制研究——基于政治技能的视角［J］. 经济管理，2015，37（1）：56-64.

［241］汪曲，李燕萍. 团队内关系格局能影响员工沉默行为吗：基于社会认知理论的解释框架［J］. 管理工程学报，2017，31（4）：34-44.

［242］王国猛，张梦思，赵曙明，等．个性化契约与核心员工亲组织不道德行为：社会认知理论的视角［J］．管理工程学报，2020，34（4）：44-51.

［243］王季，耿健男，肖宇佳．从意愿到行为：基于计划行为理论的学术创业行为整合模型［J］．外国经济与管理，2020，42（7）：64-81.

［244］王苗苗，张捷．真实型领导对新生代员工创新行为的影响：内部人身份感知的中介作用［J］．科学学与科学技术管理，2019，40（3）：127-141.

［245］王鹏，朱方伟，宋昊阳，等．人际信任与知识隐藏行为：个人声誉关注与不确定性感知的联合调节［J］．管理评论，2019，31（1）：155-170.

［246］王双龙．华人企业的家长式领导对创新行为的作用路径研究［J］．科研管理，2015，36（7）：105-112.

［247］卫武，赵鹤．团队时间领导与团队创新行为：基于团队从工作中的心理解脱视角［J］．南开管理评论，2018，21（4）：39-49.

［248］魏昕，张志学．团队的和谐型创新激情：前因、结果及边界条件［J］．管理世界，2018，34（7）：100-113+184.

［249］温利群．创造型领导力的概念发展及其对组织创造力的影响研究［D］．哈尔滨工业大学博士学位论文，2017.

［250］翁清雄，胡啸天，陈银龄．职业妥协研究：量表开发及对职业承诺与工作倦怠的预测作用［J］．管理世界，2018，34（4）：113-126+175+188.

［251］吴论文，杨付．政治技能的实施效果及其理论解释［J］．心理科学进展，2019，27（12）：2109-2121.

［252］吴艳，温忠麟．结构方程建模中的题目打包策略［J］．心理科学进展，2011，19（12）：1859-1867.

［253］夏莹，吴婧睿，杜亚娜．威权型领导对员工帮助行为的影响——一个有中介的调节模型［J］．管理科学，2021，34（3）：42-52.

［254］肖皛，卢晓，芮明杰．企业遗产对持续竞争优势的影响研究：品牌资产的中介作用和动态能力的调节作用［J］．南开管理评论，2019，22（2）：155-164.

［255］肖璇，王铁男，郝凡浩．社会影响理论视角的社交媒体持续使用研究［J］．管理科学学报，2017，20（11）：49-60．

［256］肖宇佳，潘安成．"以理"还是"入情"？创业者政治技能与资源获取［J］．管理科学学报，2018，21（2）：48-67．

［257］谢雅萍，陈小燕．创业激情研究现状探析与未来展望［J］．外国经济与管理，2014，36（5）：3-11．

［258］熊立，杨勇，贾建锋．"能做"和"想做"：基于内驱力的双元创业即兴对双创绩效影响研究［J］．管理世界，2019，35（12）：137-151．

［259］徐本华，邓传军，武恒岳．领导成员交换与员工主动创新行为：一个被中介的调节模型［J］．管理科学，2021，34（2）：44-55．

［260］徐云飞，席猛，赵曙明．包容性领导对员工主动行为的影响机制——基于社会影响理论的视角［J］．管理评论，2021，33（6）：201-212．

［261］许黎明．企业伦理型领导与员工建言行为研究——基于二元工作激情的视角［J］．现代经济探讨，2018（9）：90-96．

［262］杨皎平，张珺，孙珊．研发团队包容型人力资源管理实践对员工和谐型创新激情的影响研究［J］．中国人力资源开发，2021，38（8）：21-36．

［263］杨晶照，崔亚梅，臧敏，等．领导—成员创新动机感染模型构建［J］．管理科学，2018，31（3）：3-16．

［264］叶龙，耿燕各，郭名．明星技能人才创造力的影响机制——基于和谐型工作激情的中介作用［J］．技术经济，2019，38（8）：40-47．

［265］瞿皎姣，赵宜萱，赵曙明．国企员工组织政治知觉下的行为选择——基于中国政治文化—人情社会内洽情境的整合性解释［J］．管理世界，2021，37（8）：143-162．

［266］张伶，连智华．基于组织公正调节中介模型的新生代员工自我效能和创新绩效研究［J］．管理学报，2017，14（8）：1162-1171．

［267］张默，任声策．创业者如何从事件中塑造创业能力？——基于事件系统理论的连续创业案例研究［J］．管理世界，2018，34（11）：134-149+196．

［268］张庆芝，杨雅程，赵天翊，等．科学家参与、知识转移与基于科学的企业持续创新［J］．科学学研究，2019，37（11）：2082-2091.

［269］张学艳，周小虎，包佳妮．动态能力视角下的科技型创业者政治技能与创业绩效［J］．管理学报，2020a，17（8）：1179-1187.

［270］张学艳，周小虎，张慧．科技型创业者政治技能、交互记忆系统与创新绩效［J］．科学学研究，2020b，38（7）：1268-1276.

［271］赵文红，孙万清．创业者先前知识对创业绩效的影响——基于创业学习的调节作用［J］．软科学，2015，29（3）：23-27.

［272］周键，王庆金，周雪．科技创业者双重卷入会提升创业成长水平吗？［J］．科学学与科学技术管理，2019，40（4）：109-120.

［273］周涛，王超．开源软件社区用户知识贡献行为研究［J］．科研管理，2020，41（2）：202-209.